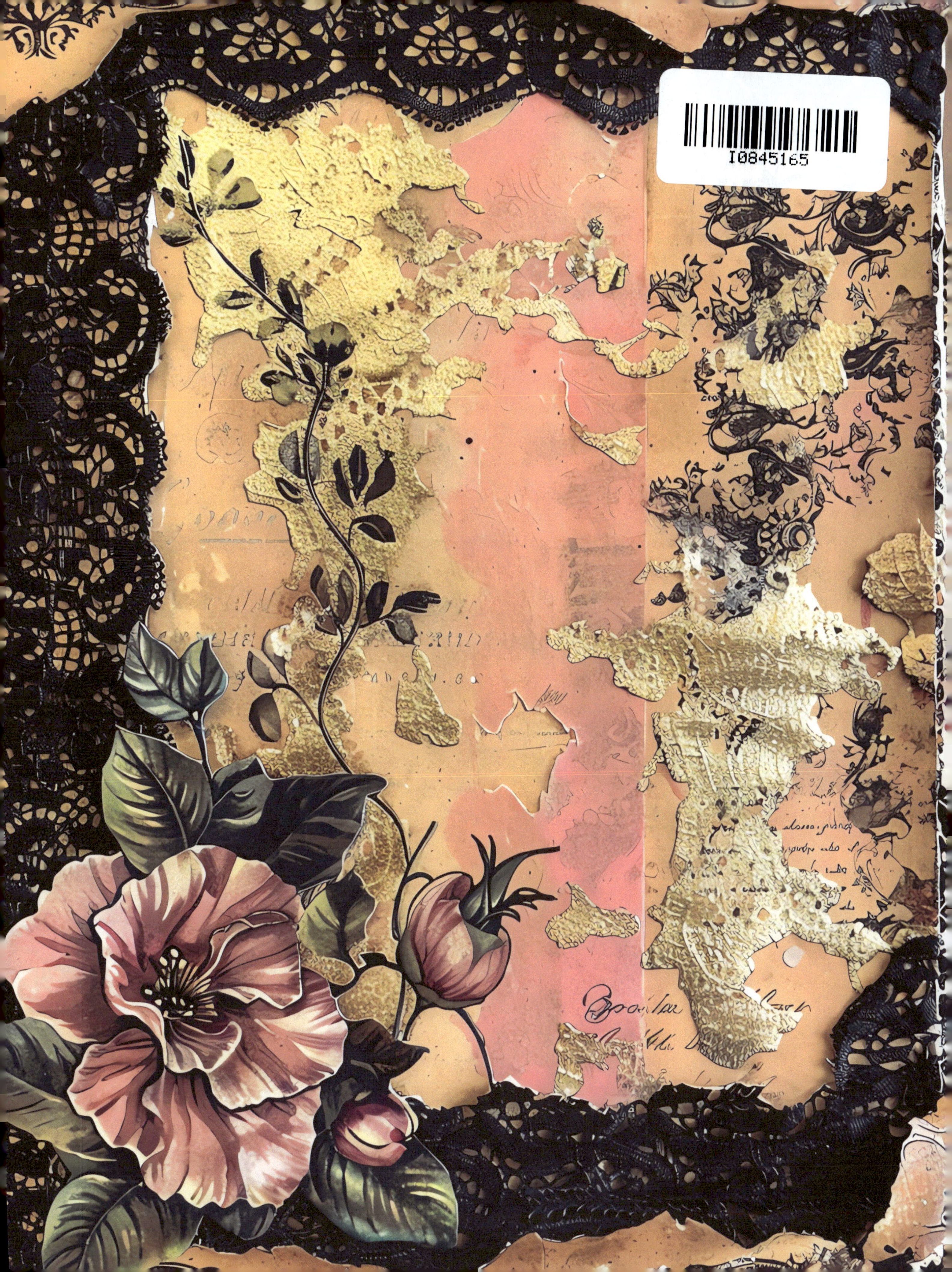
I0845165

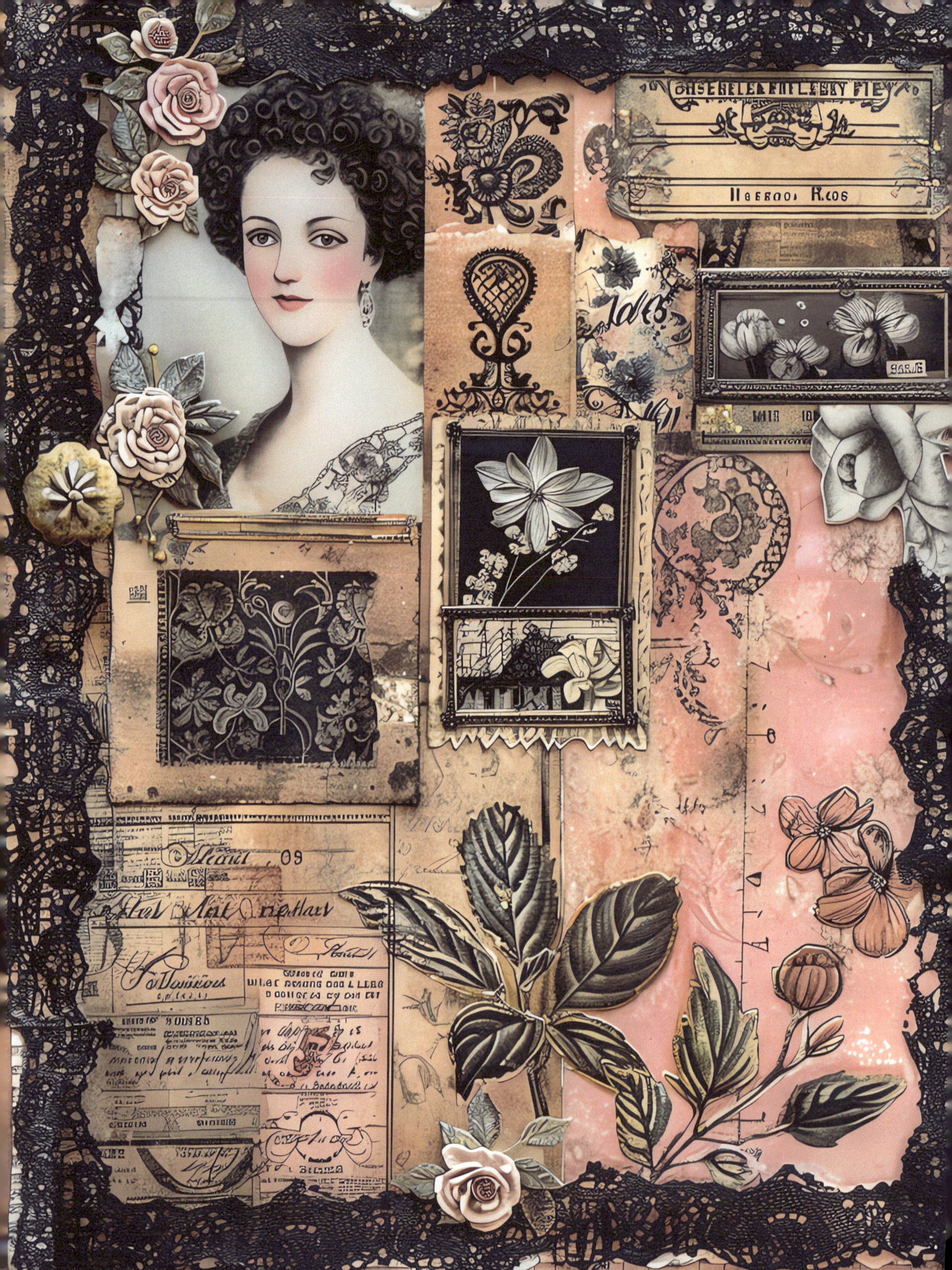

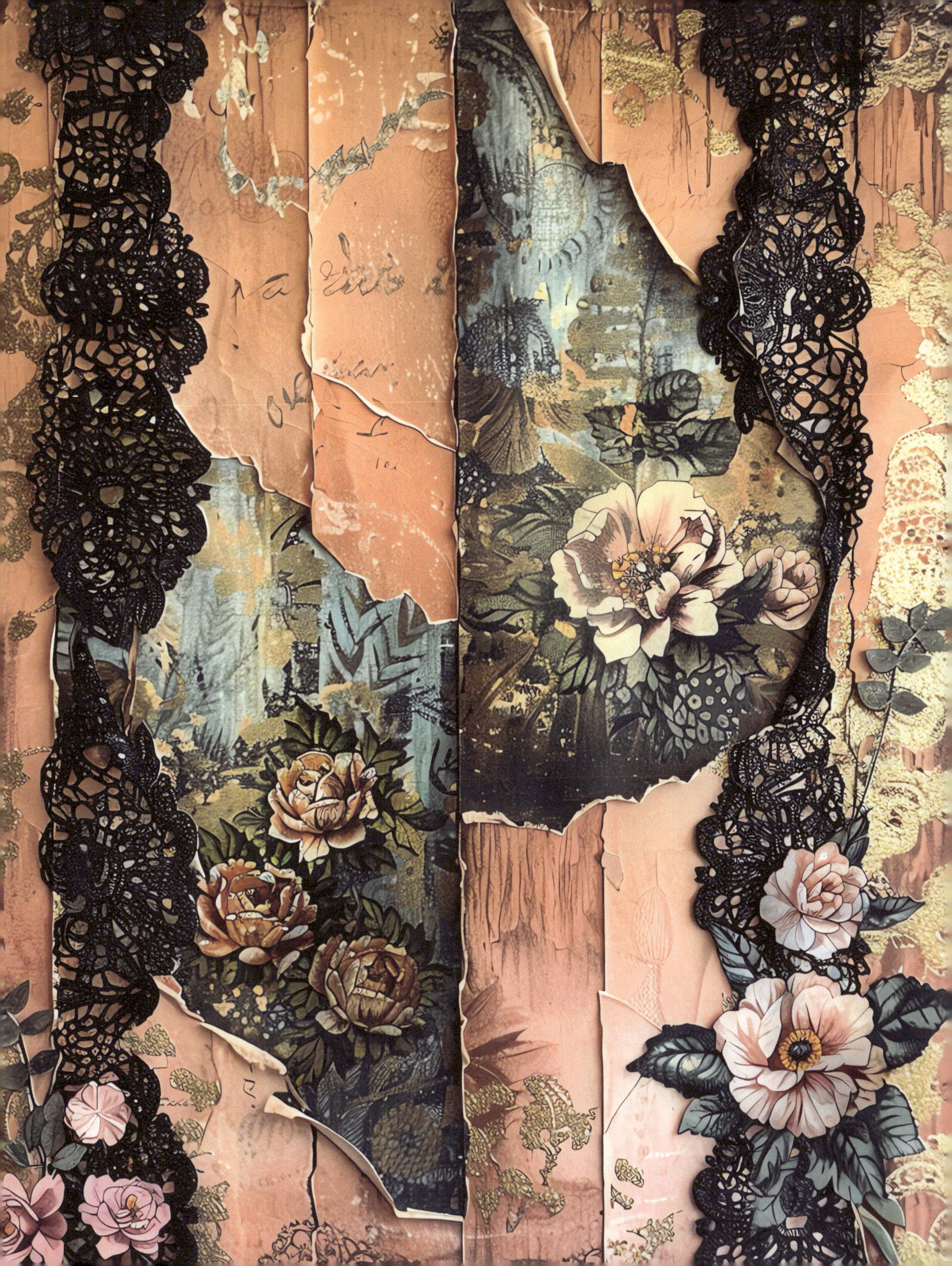

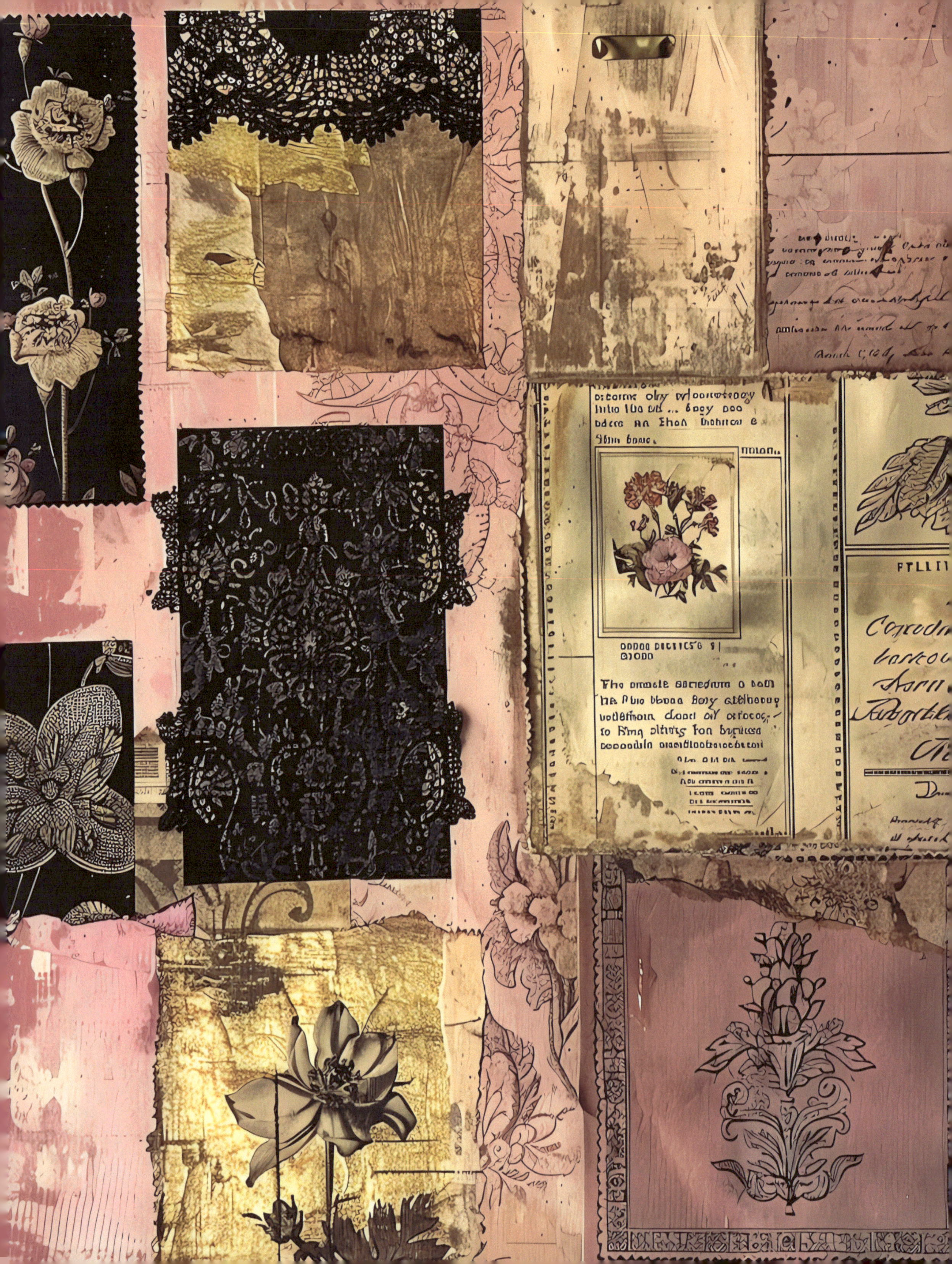

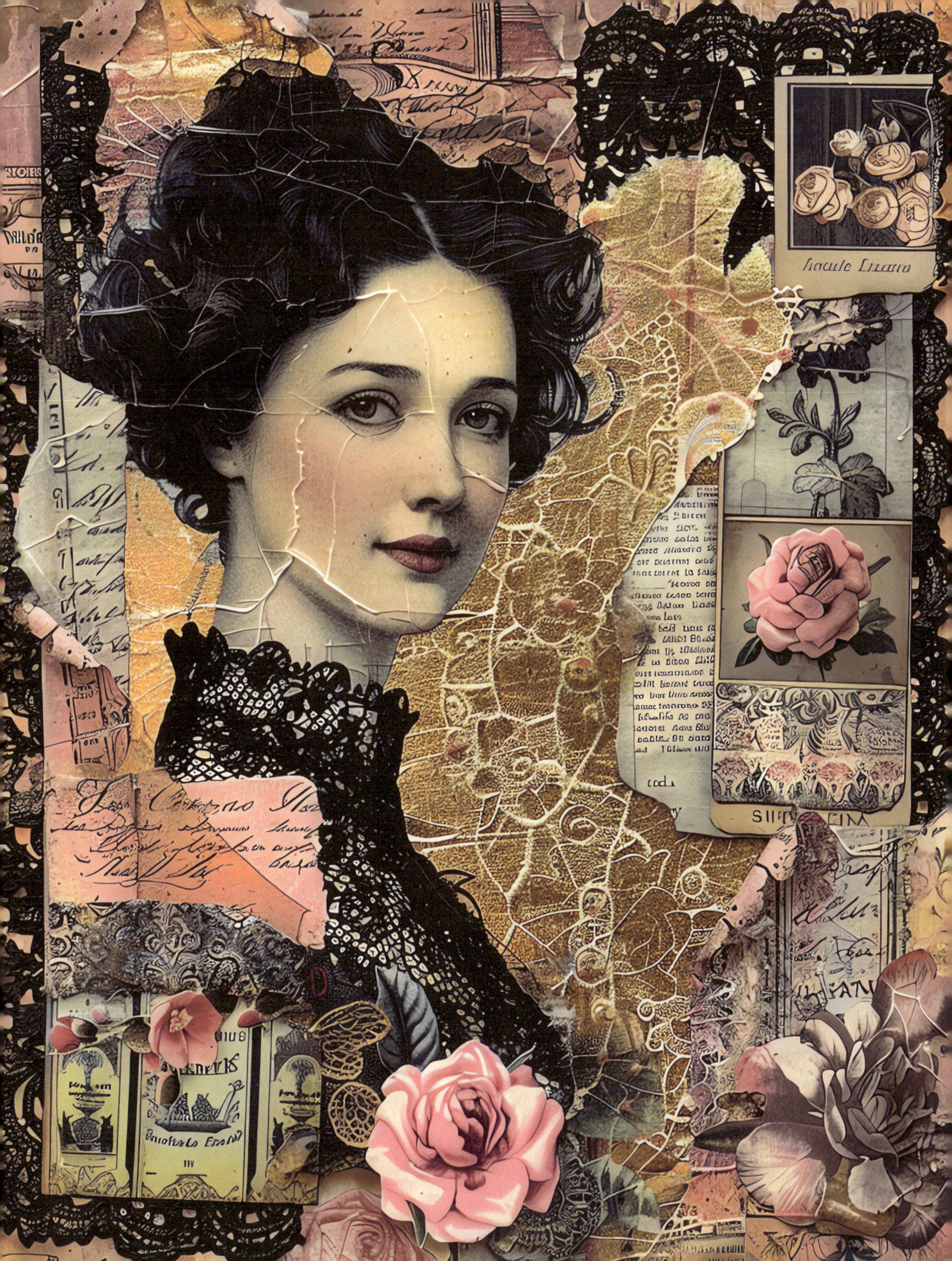

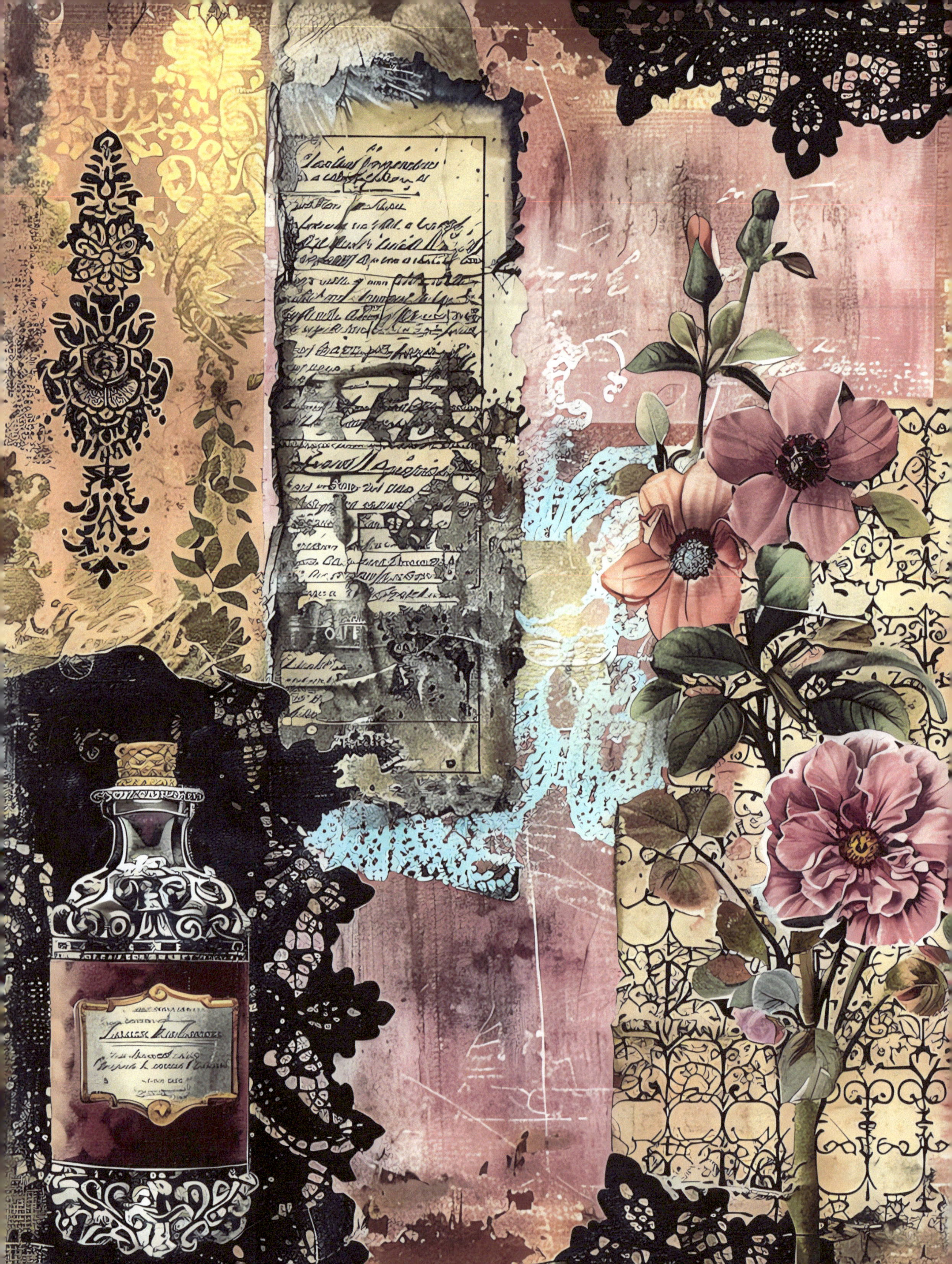

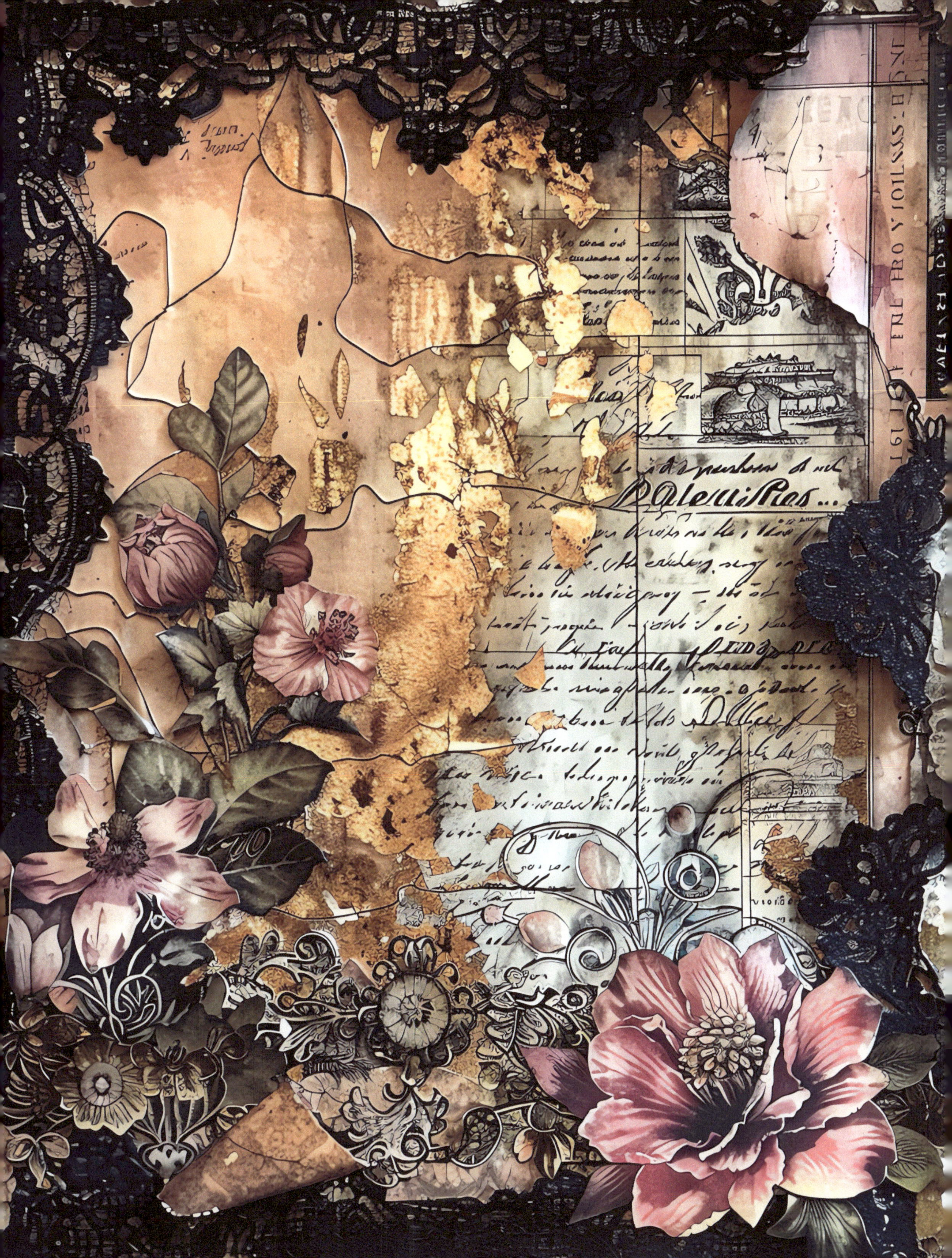

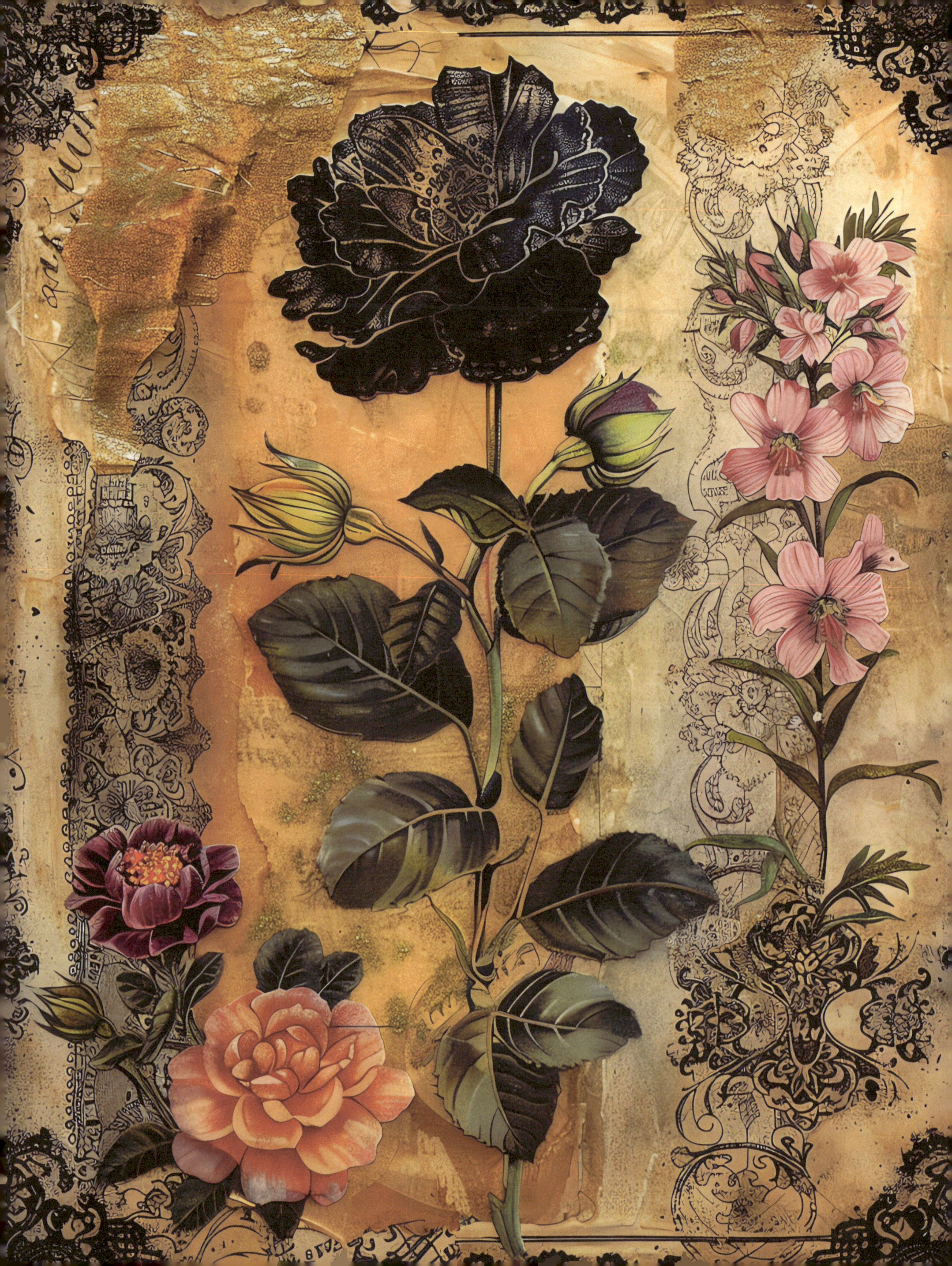

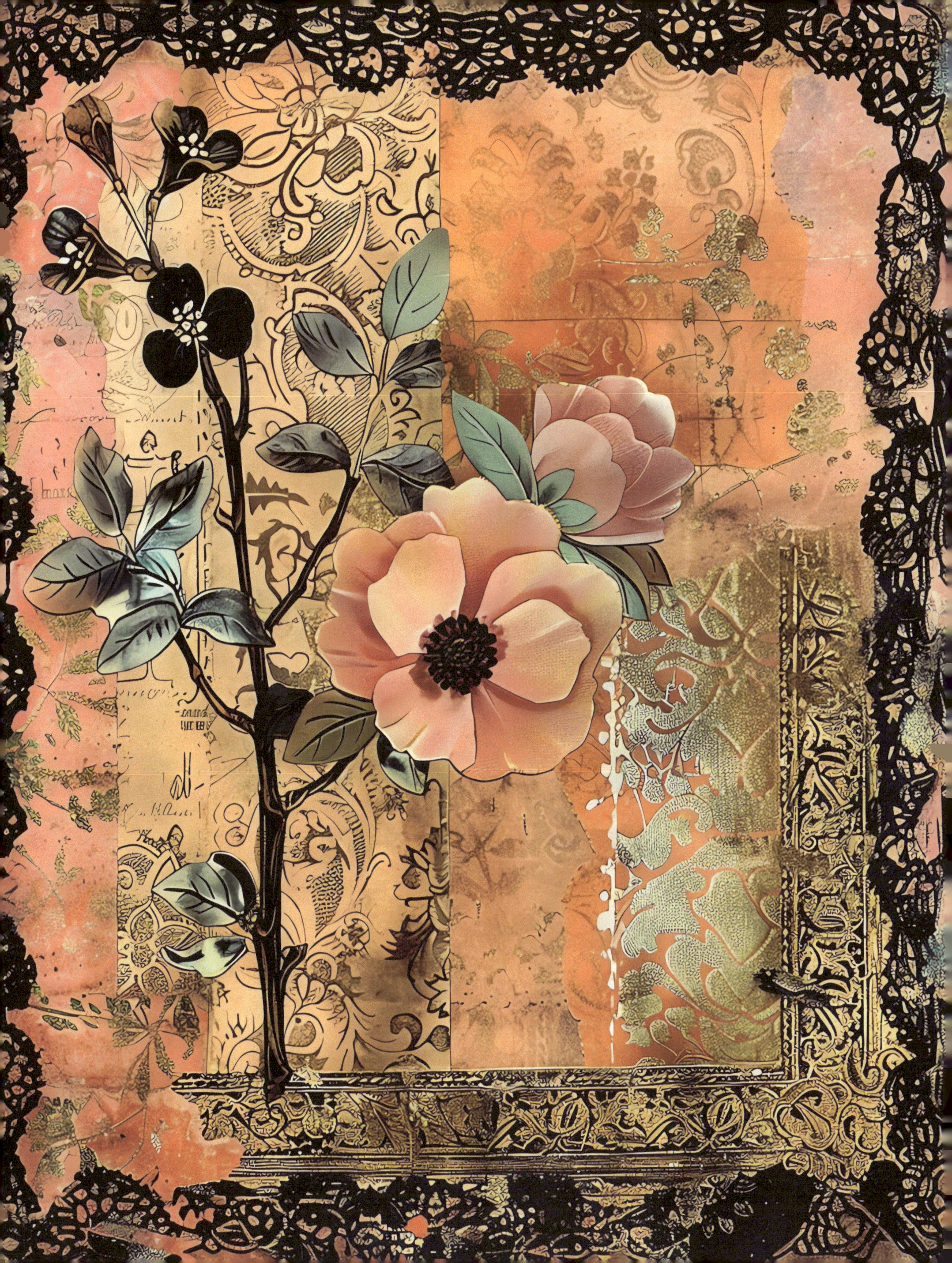

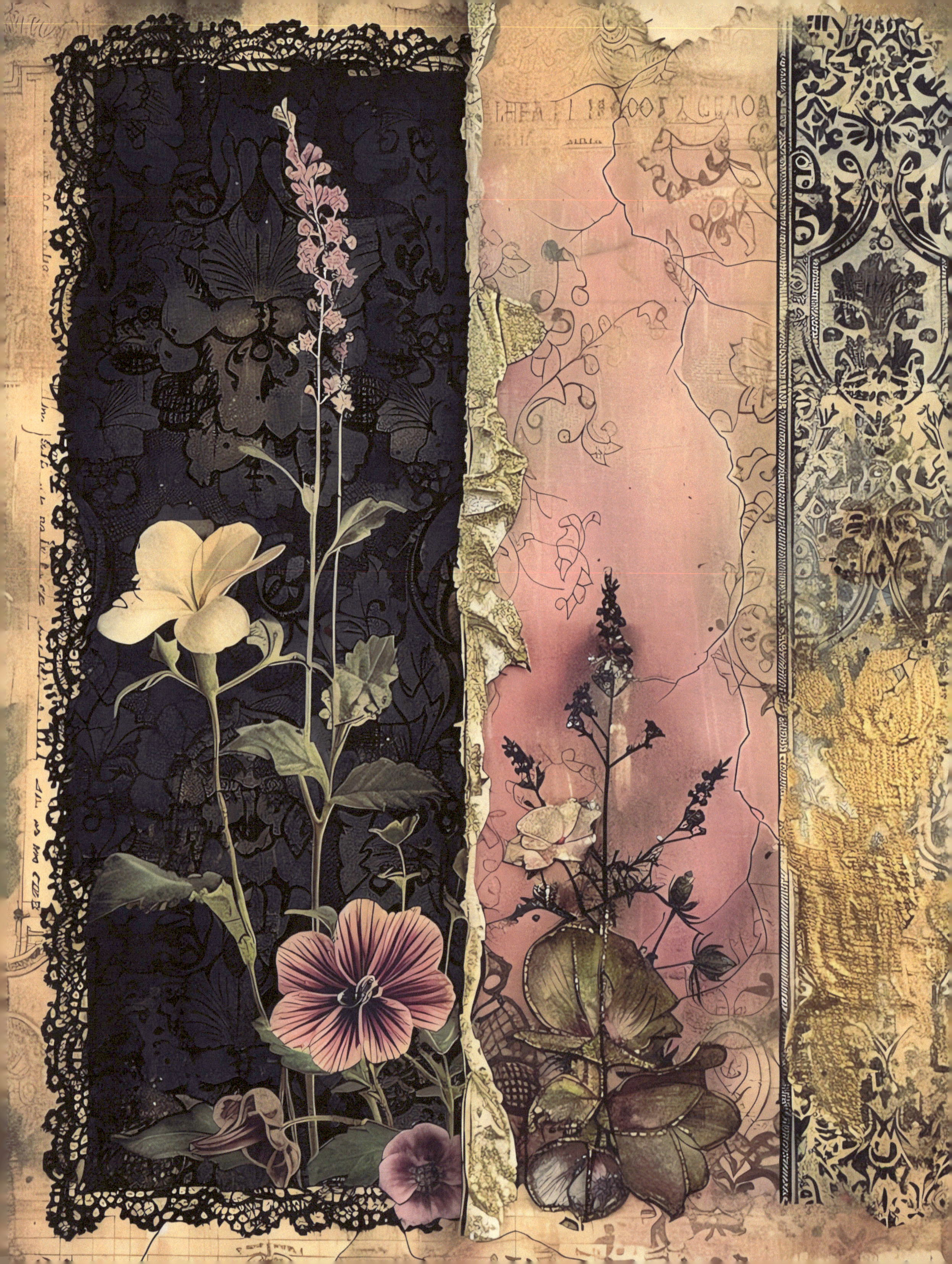

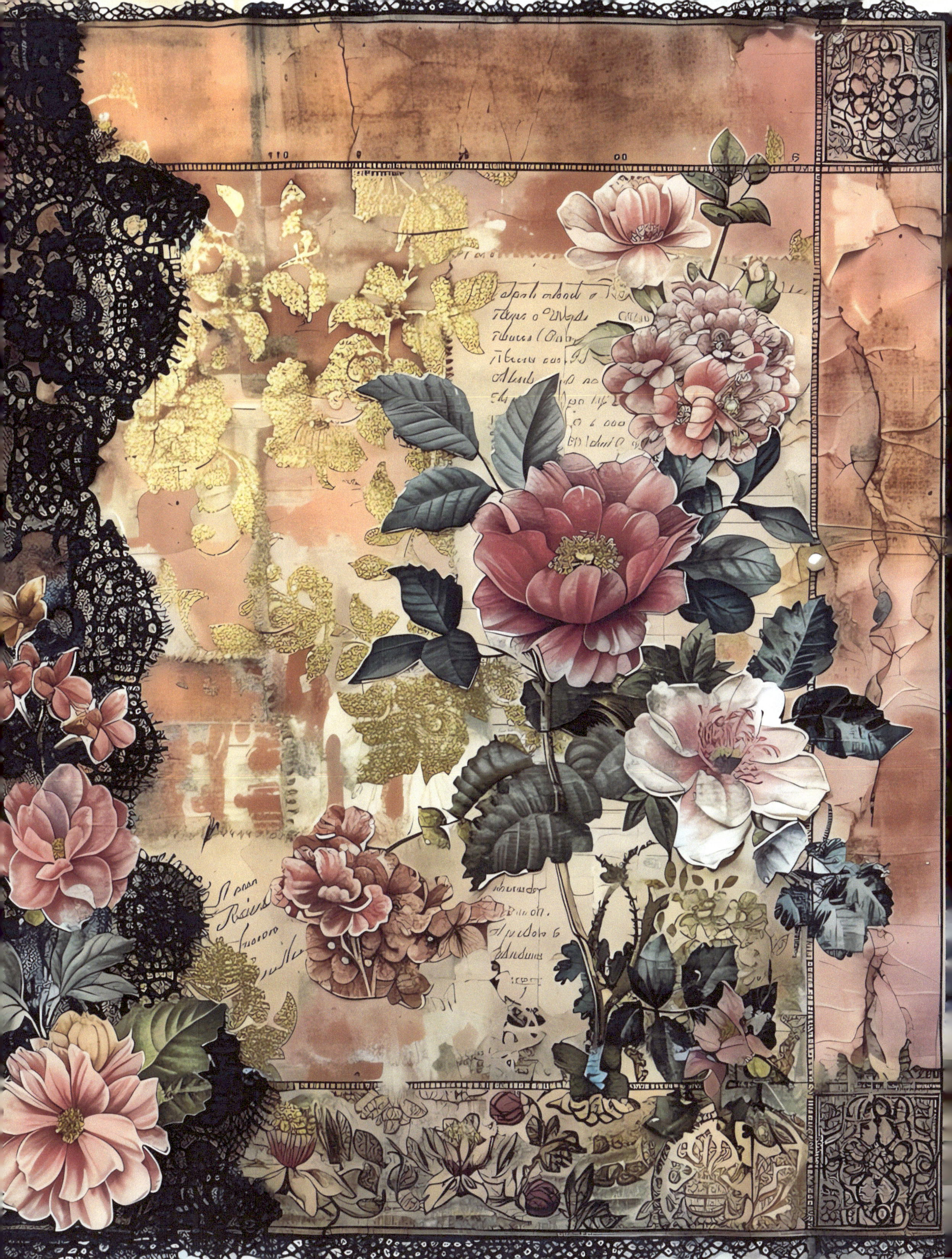

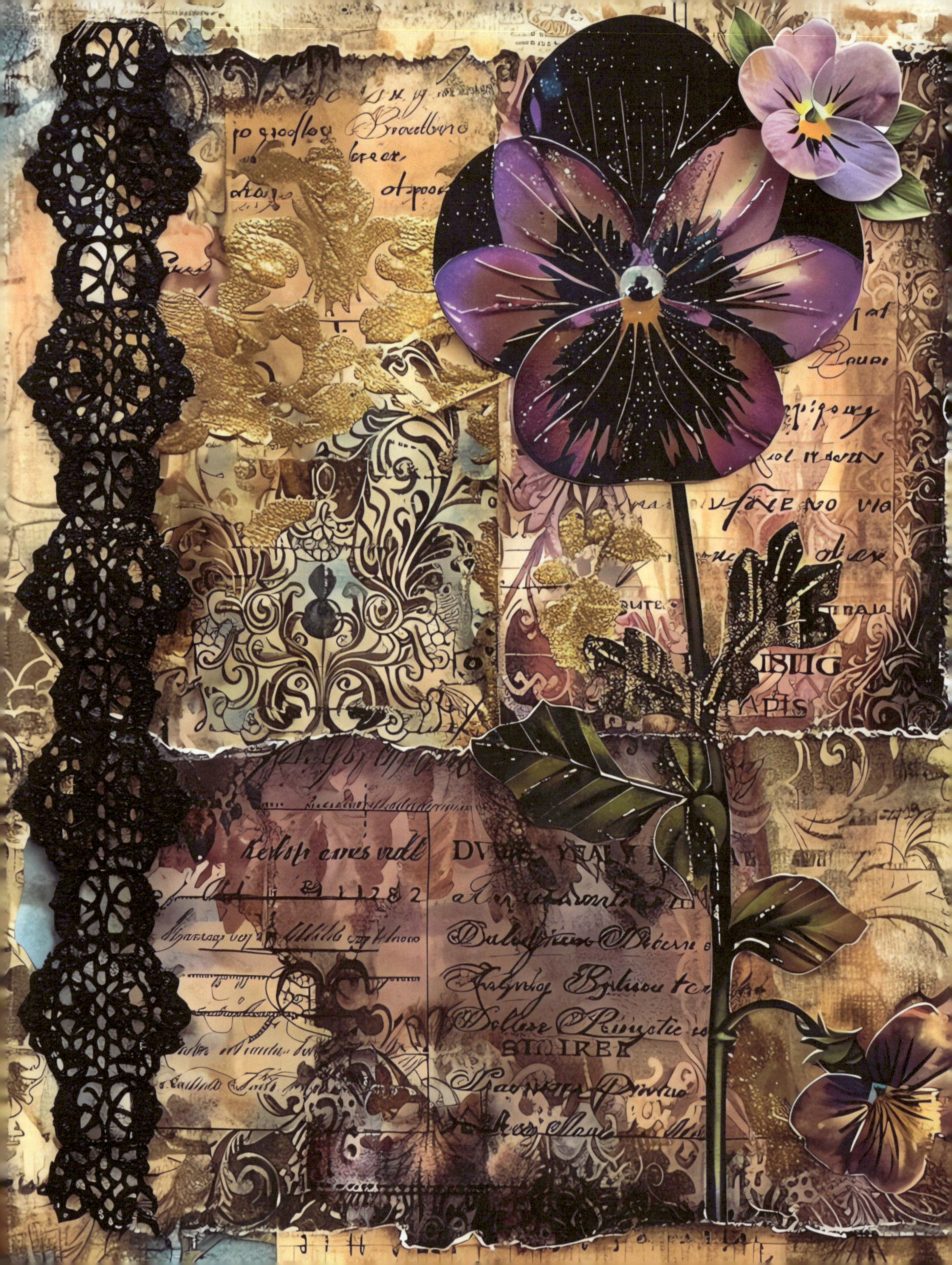

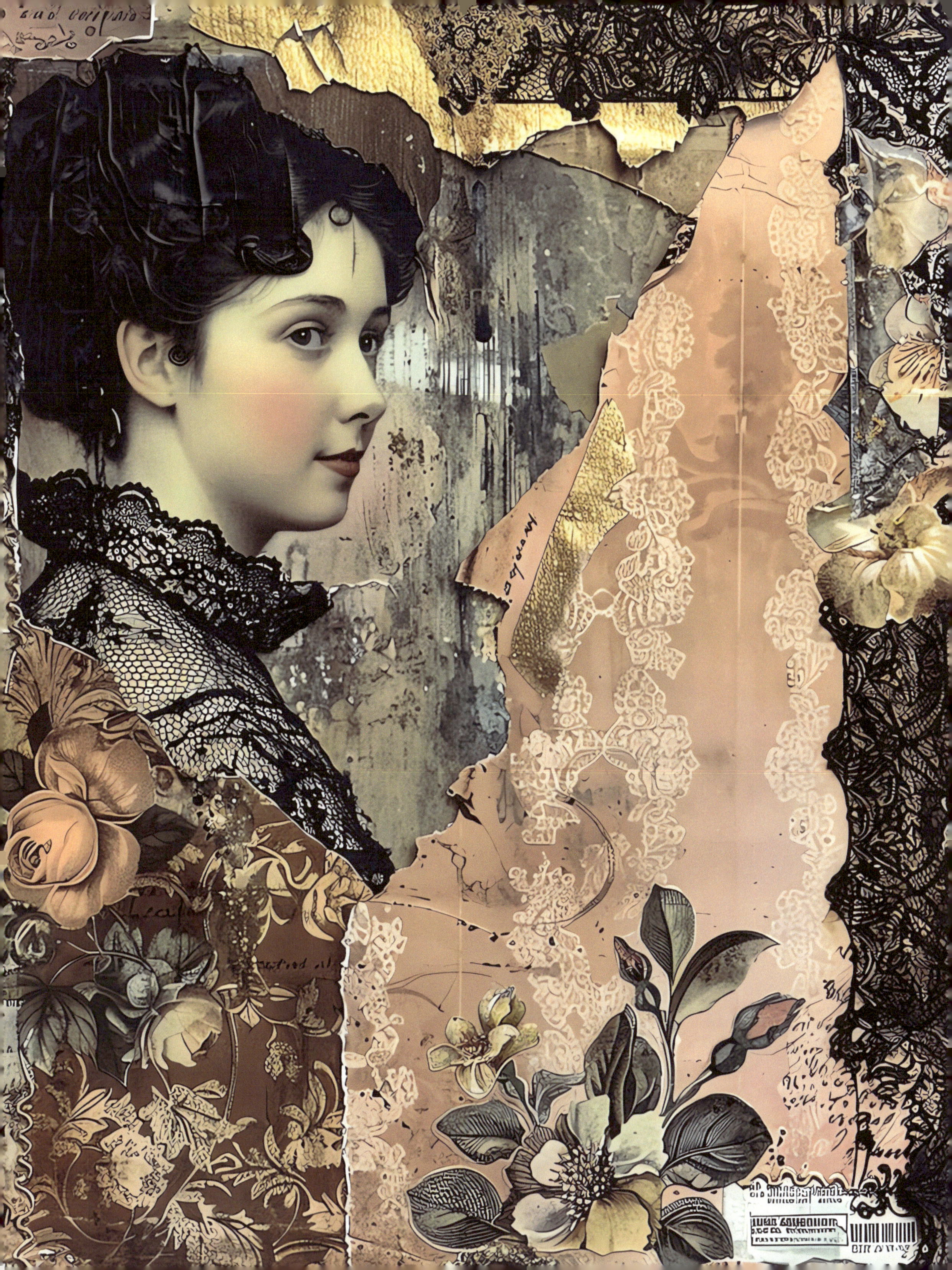

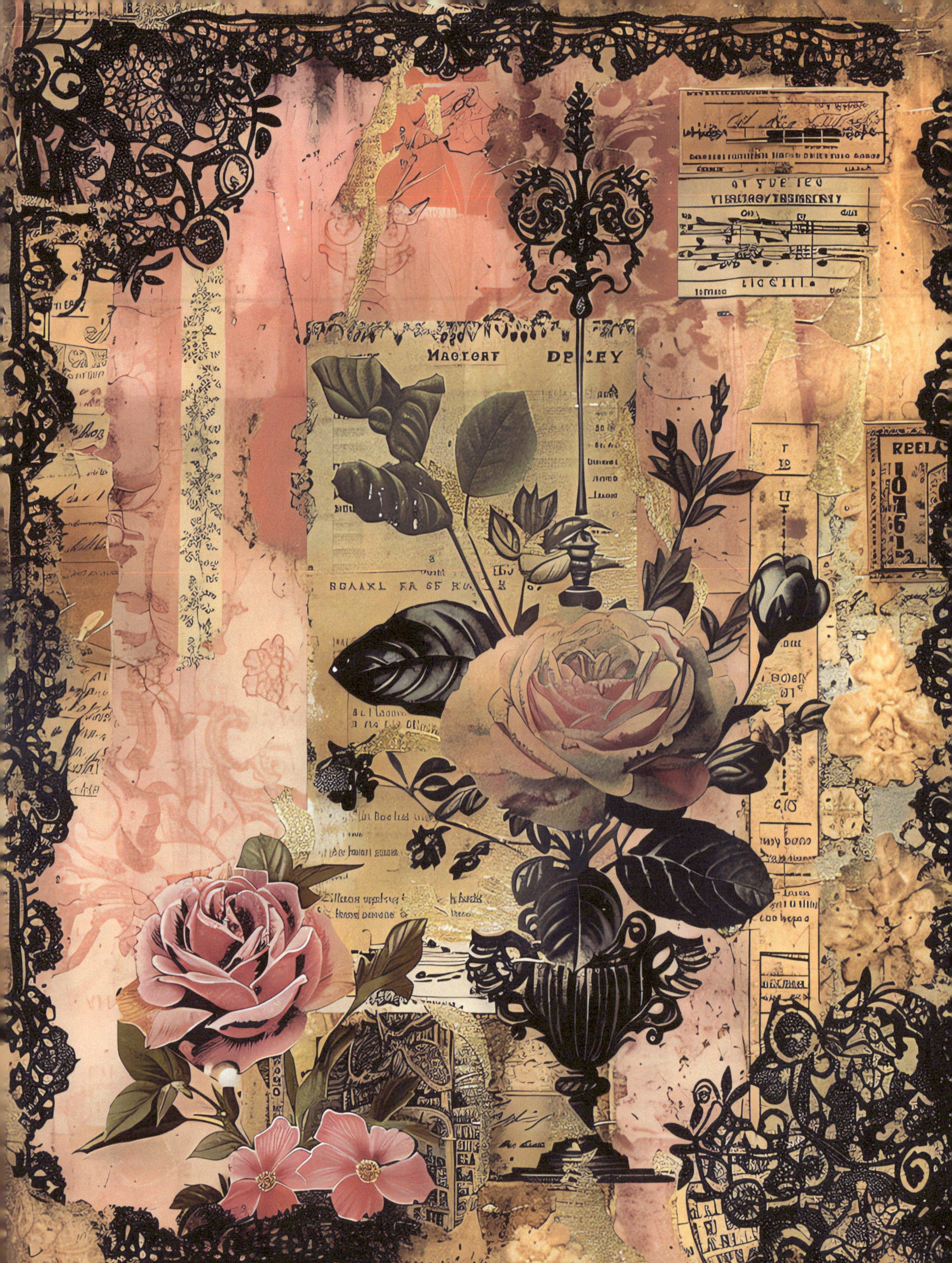

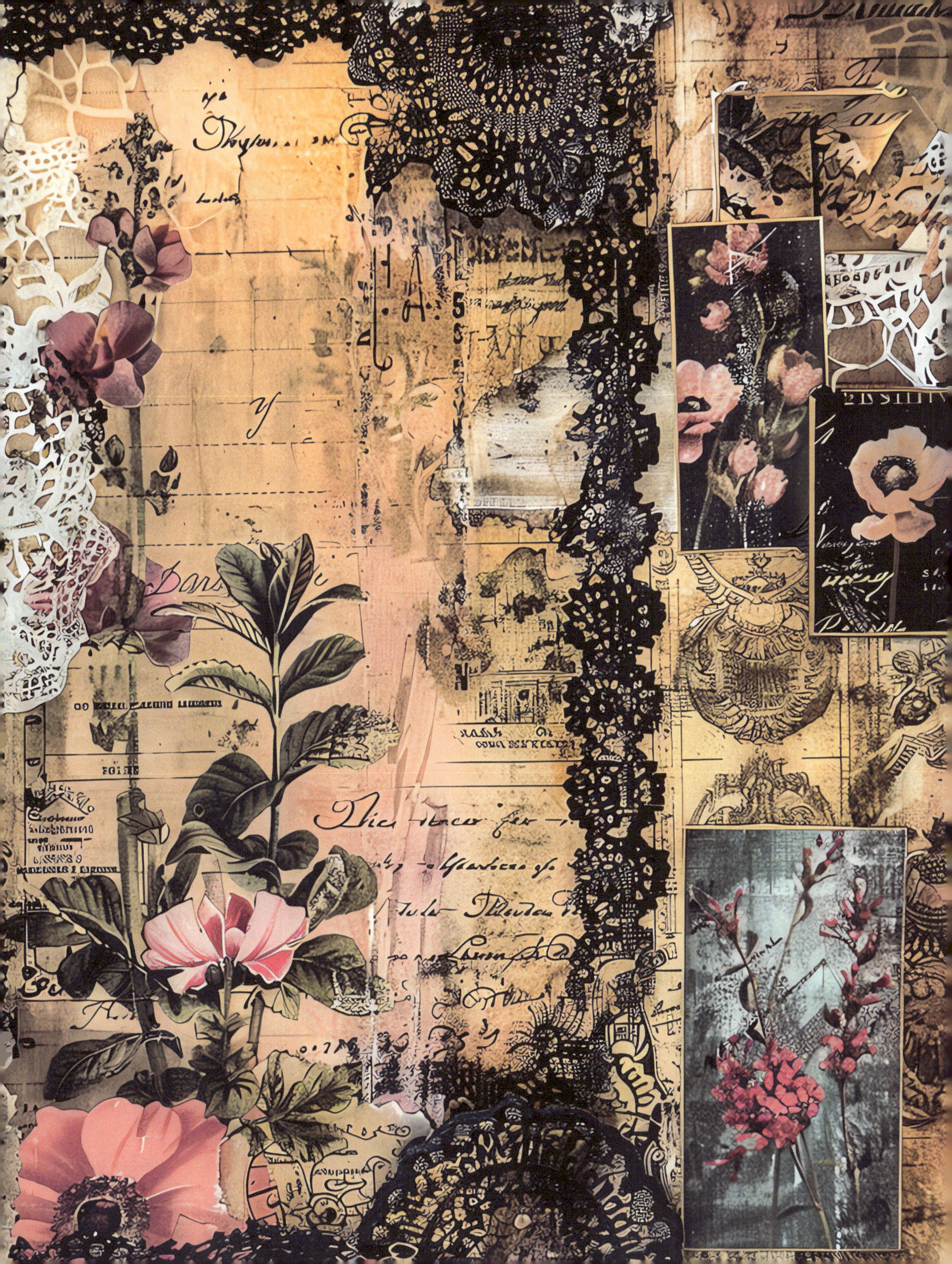

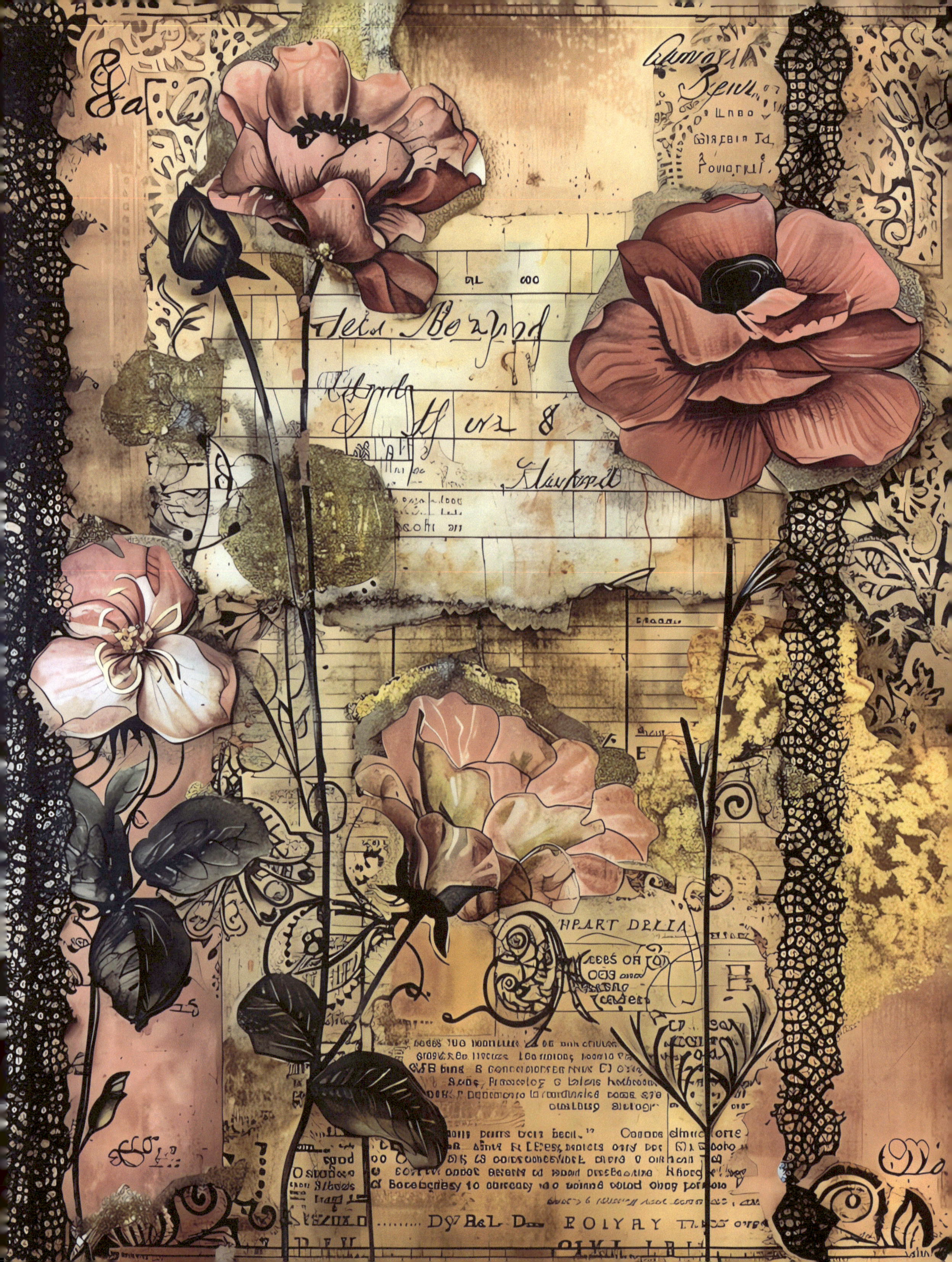

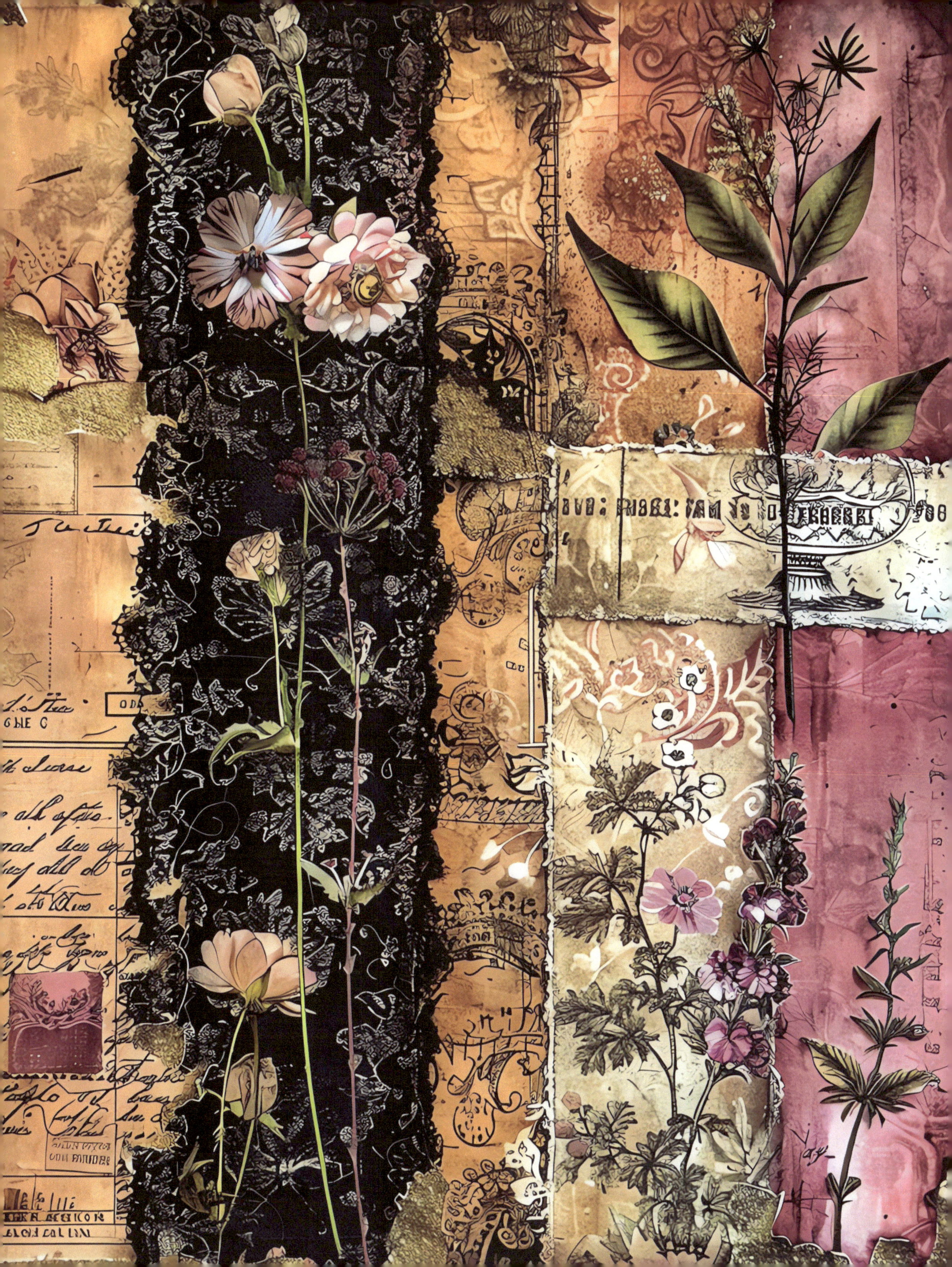

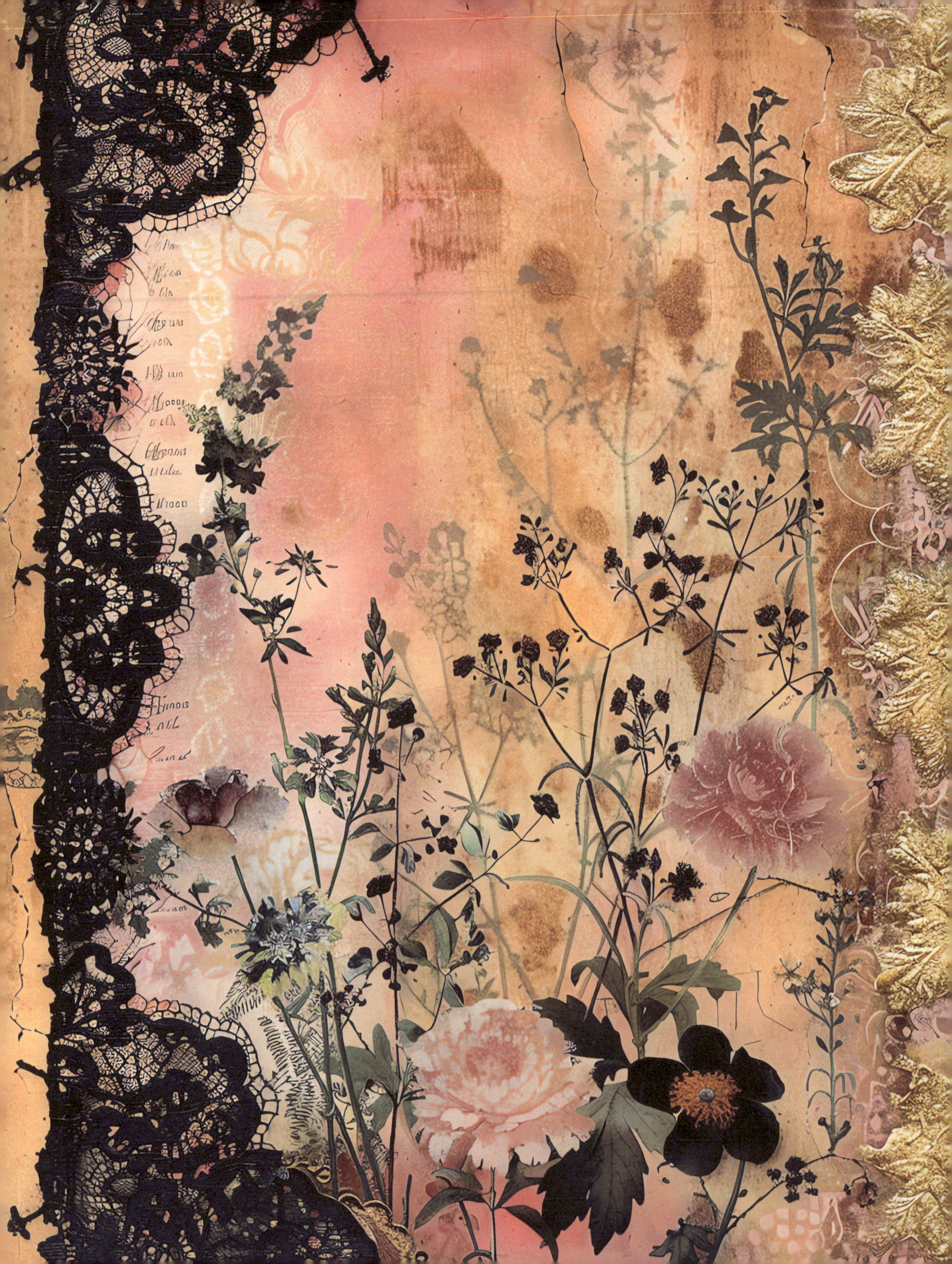

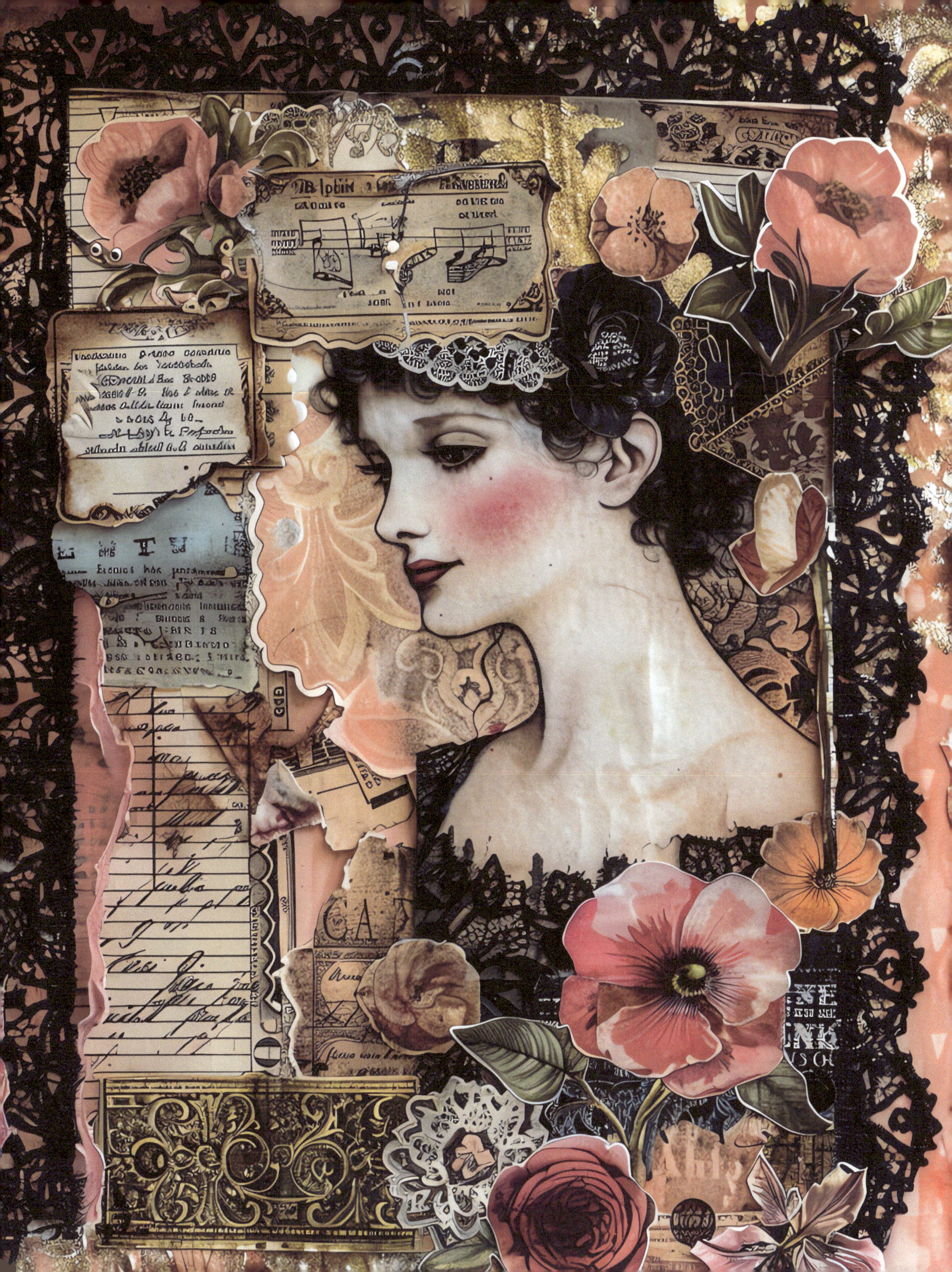

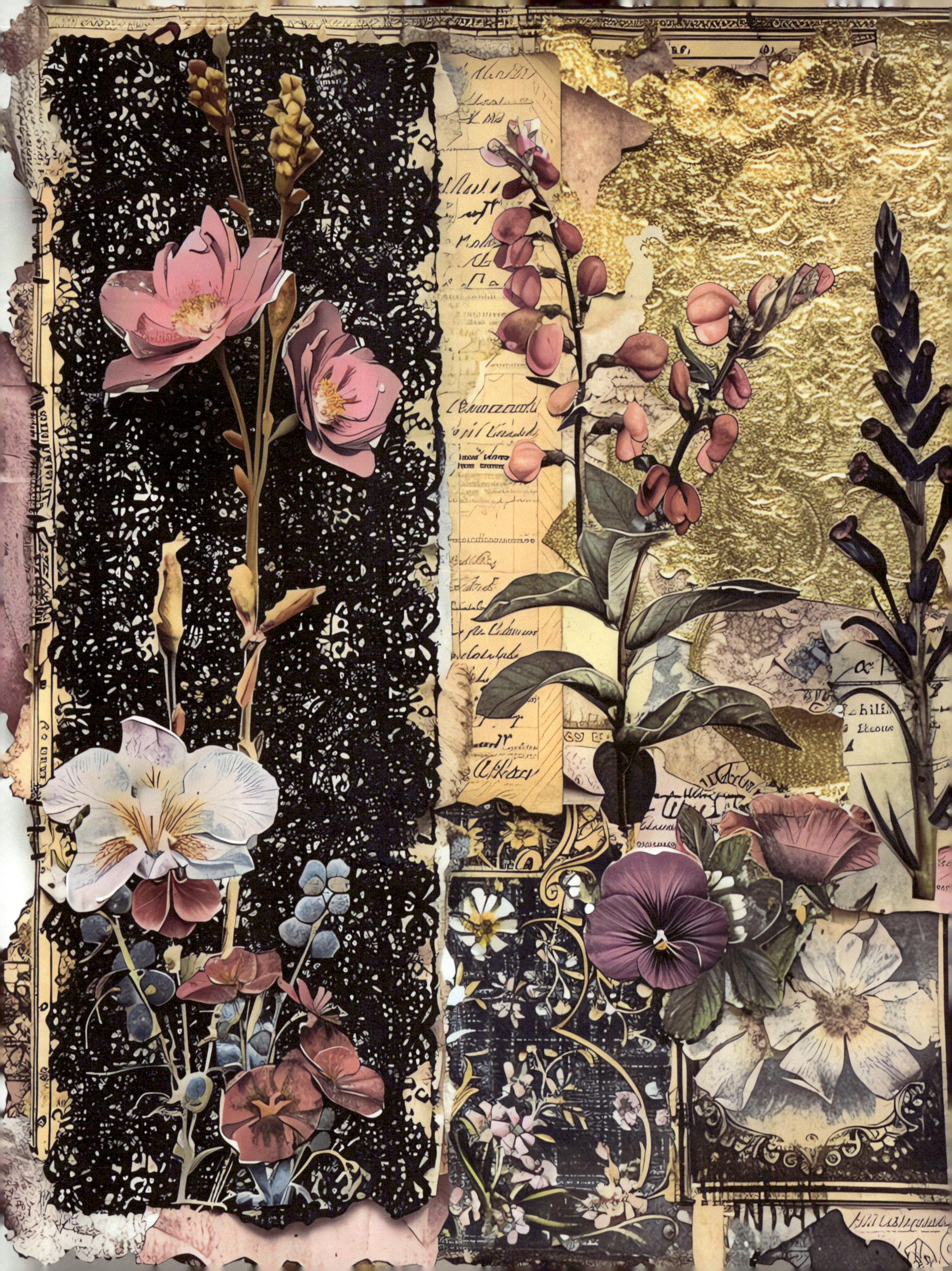

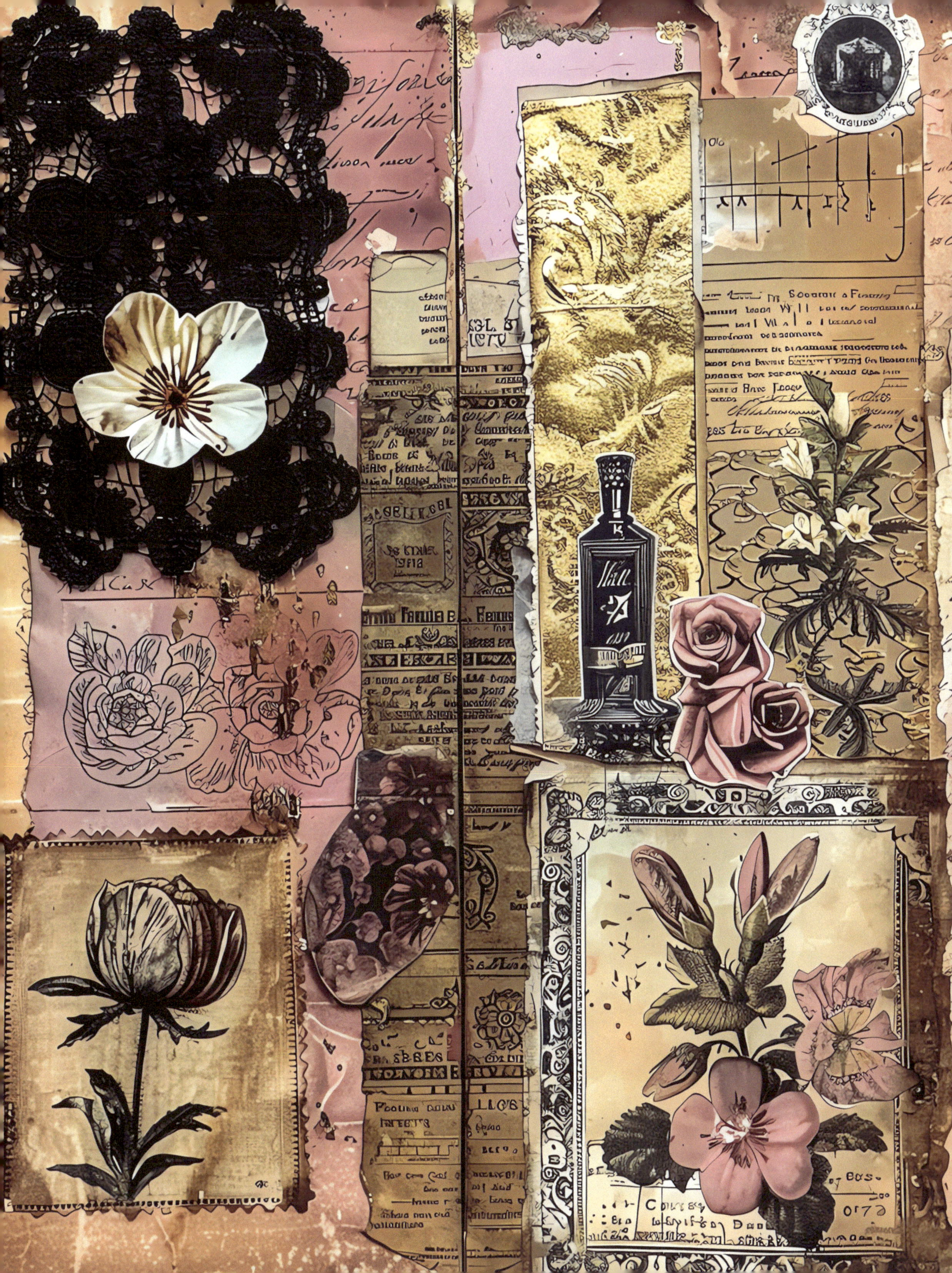

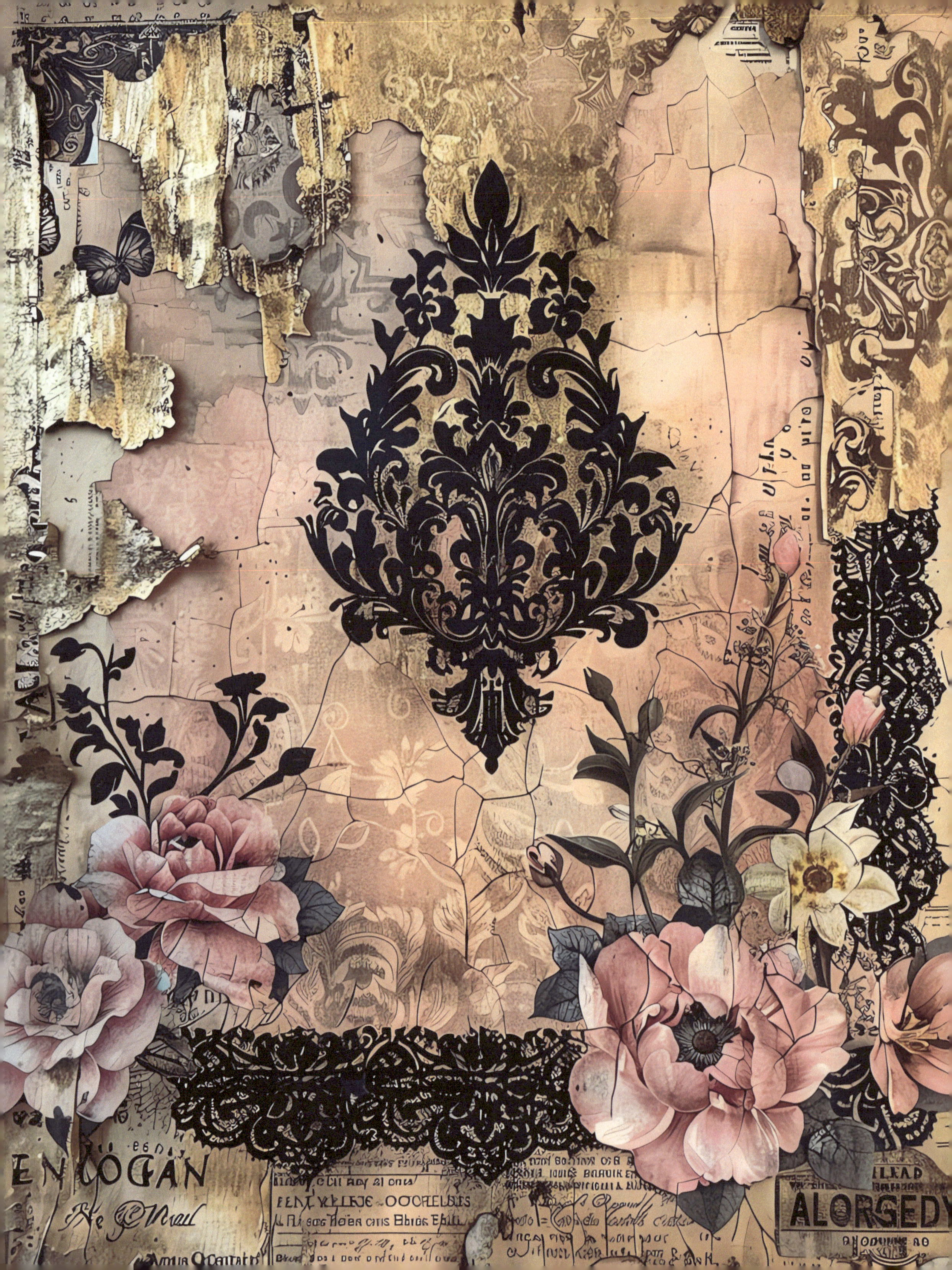

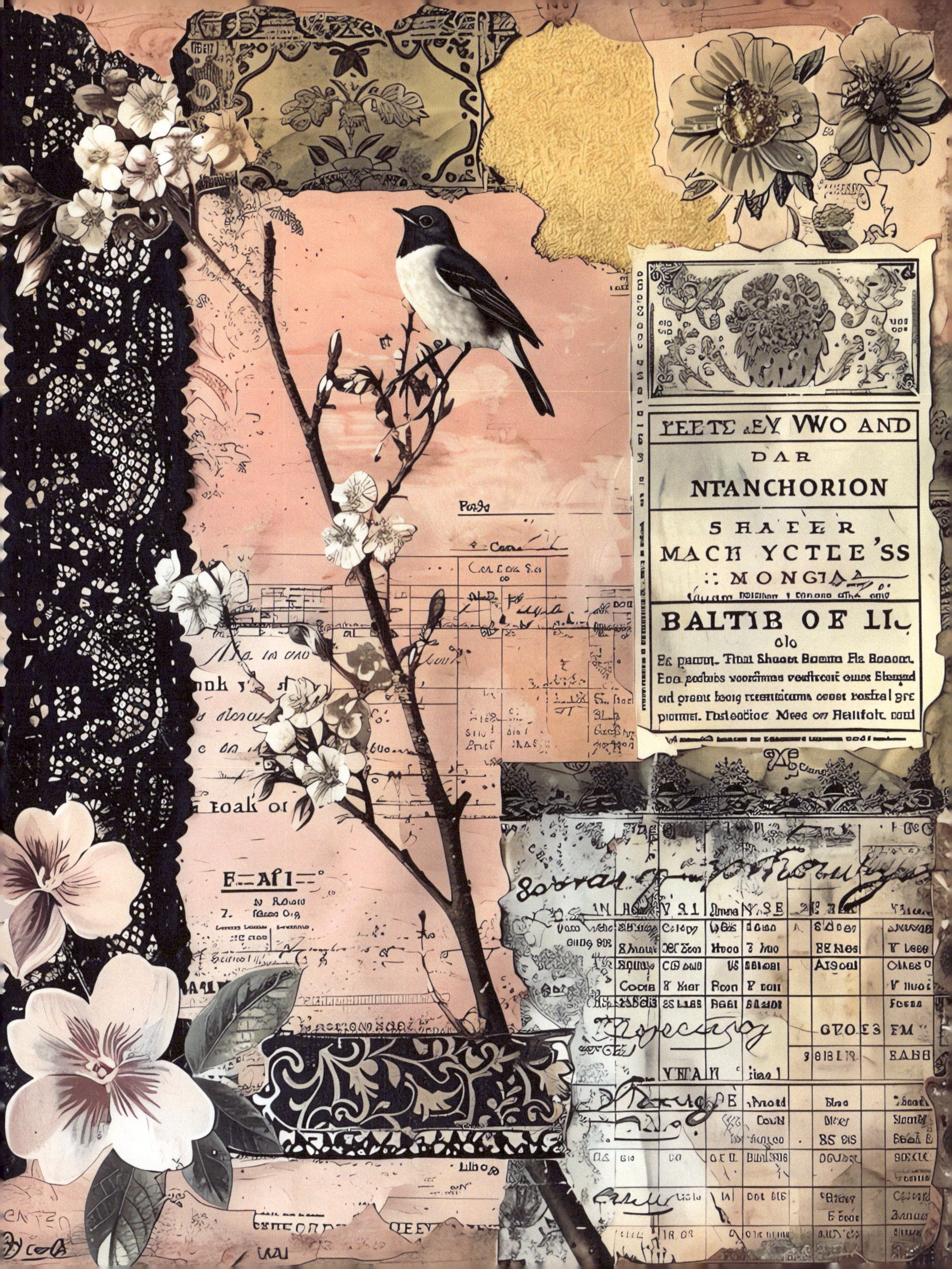

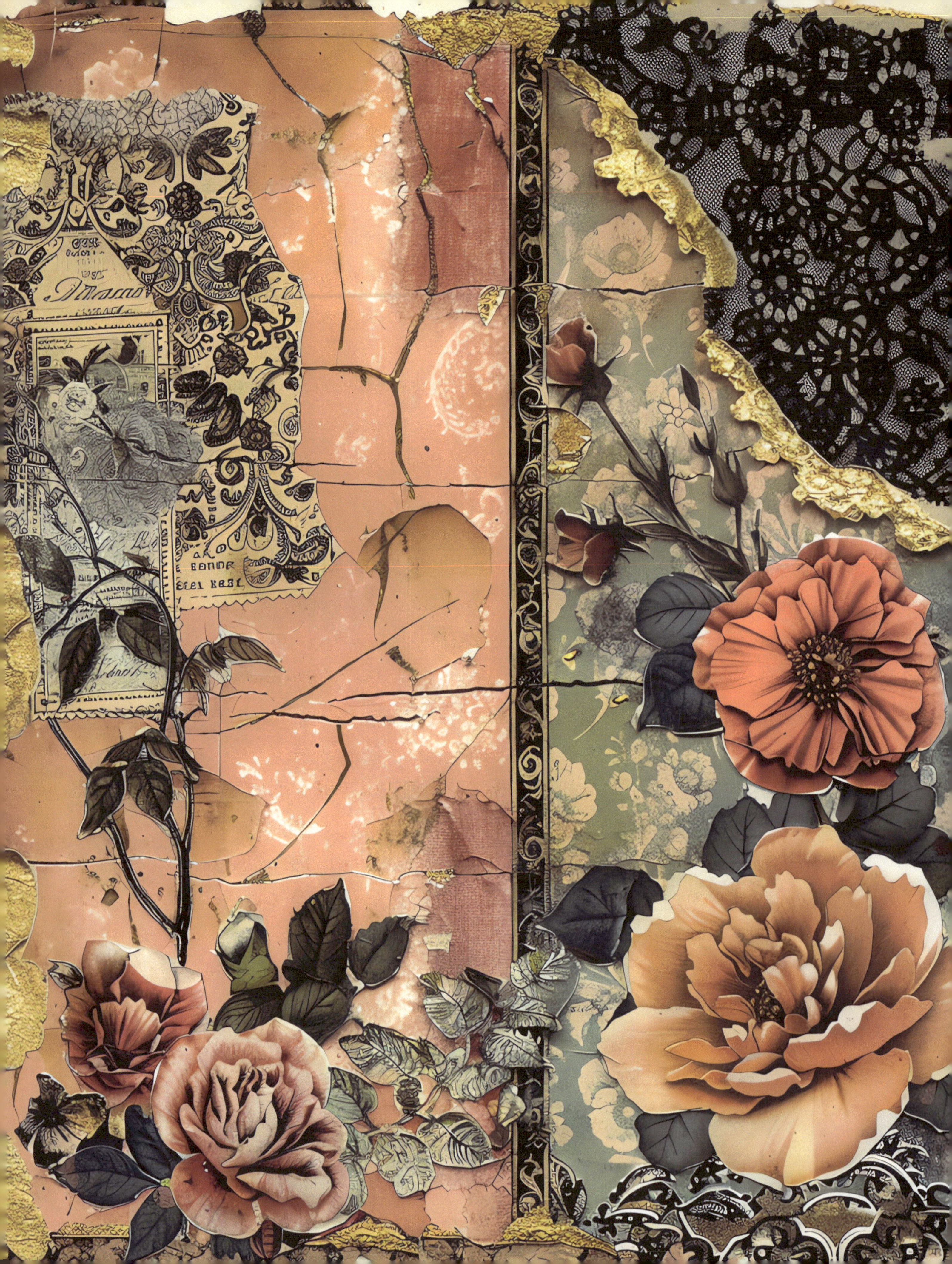

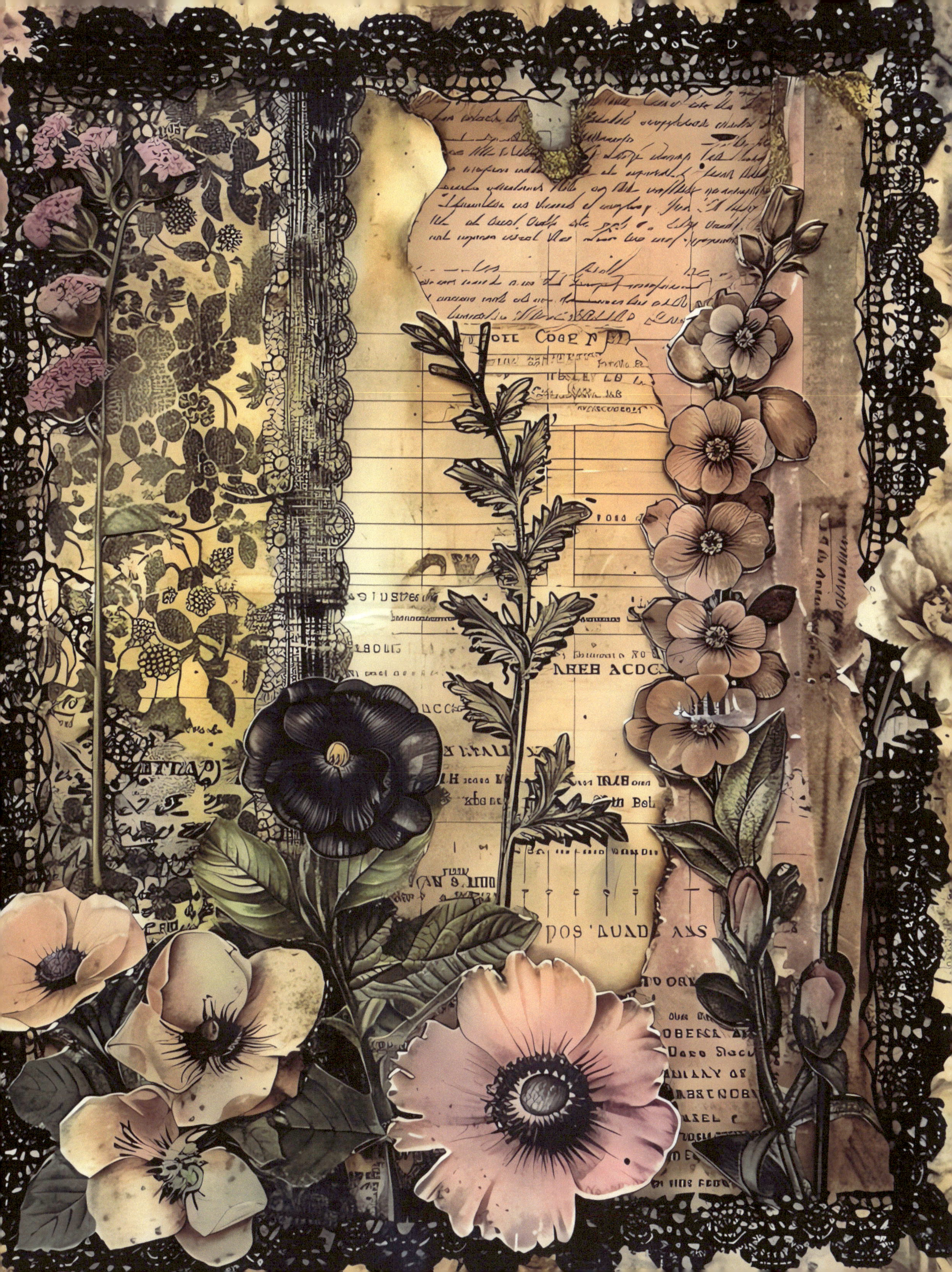

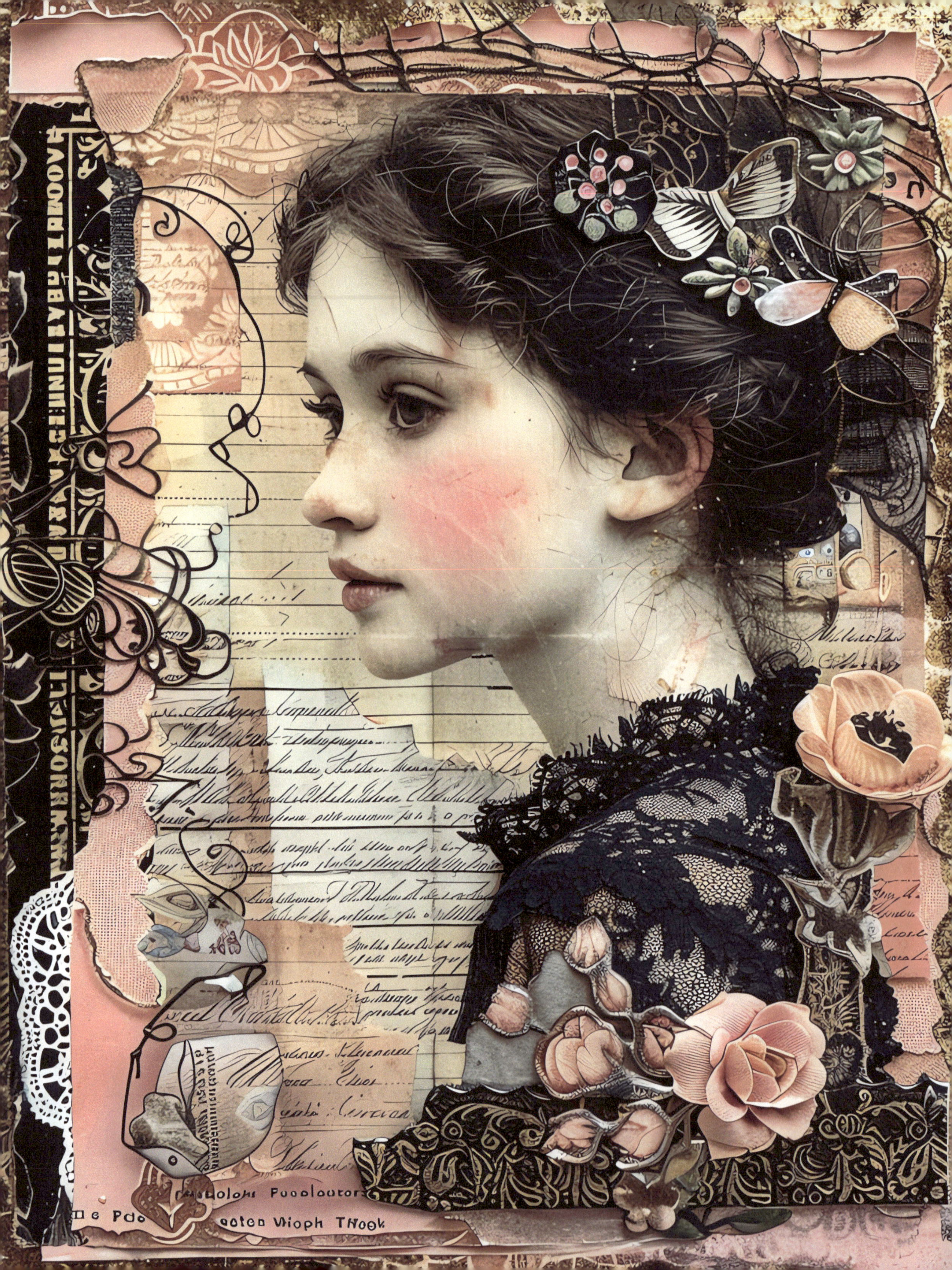

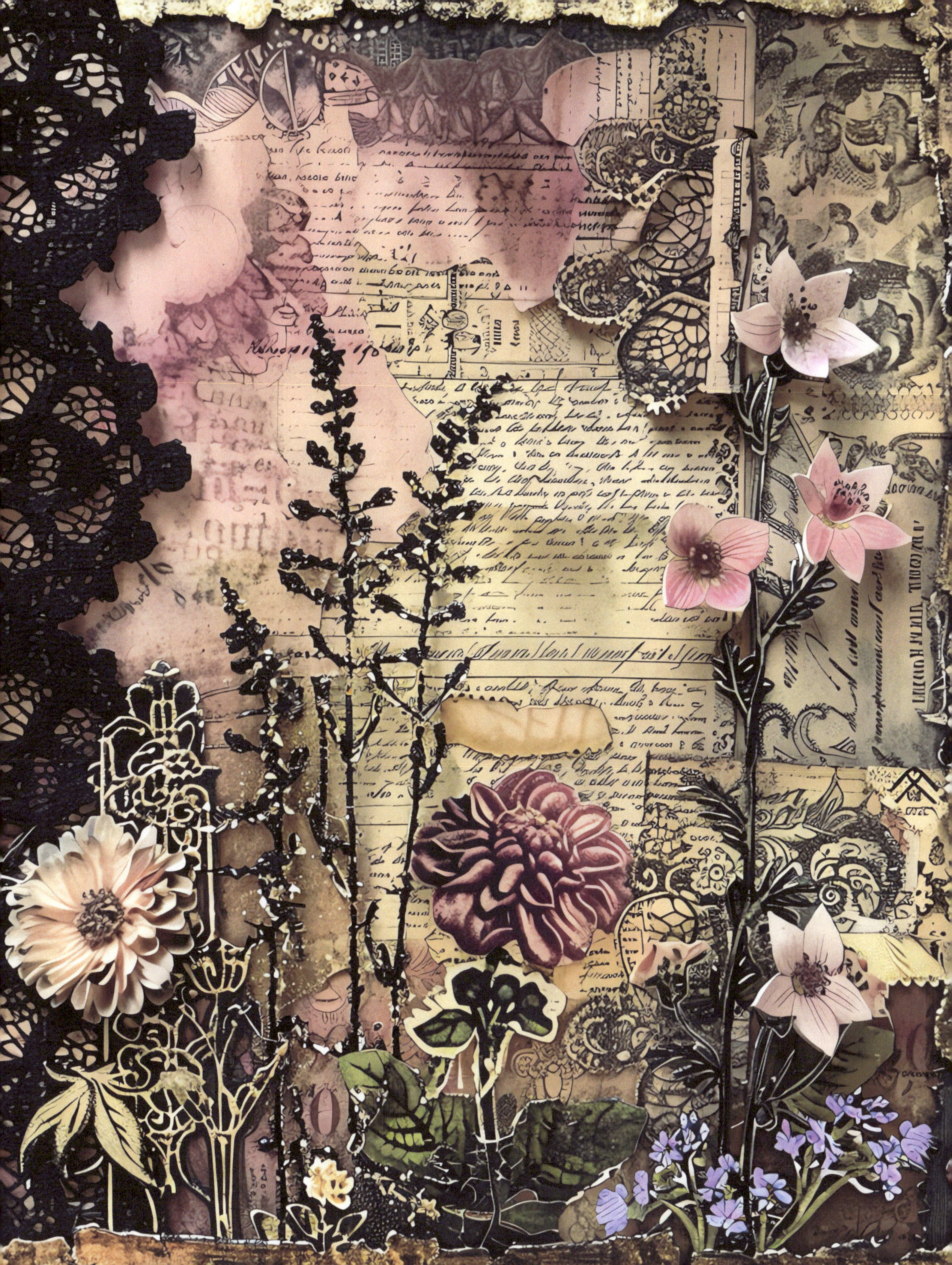

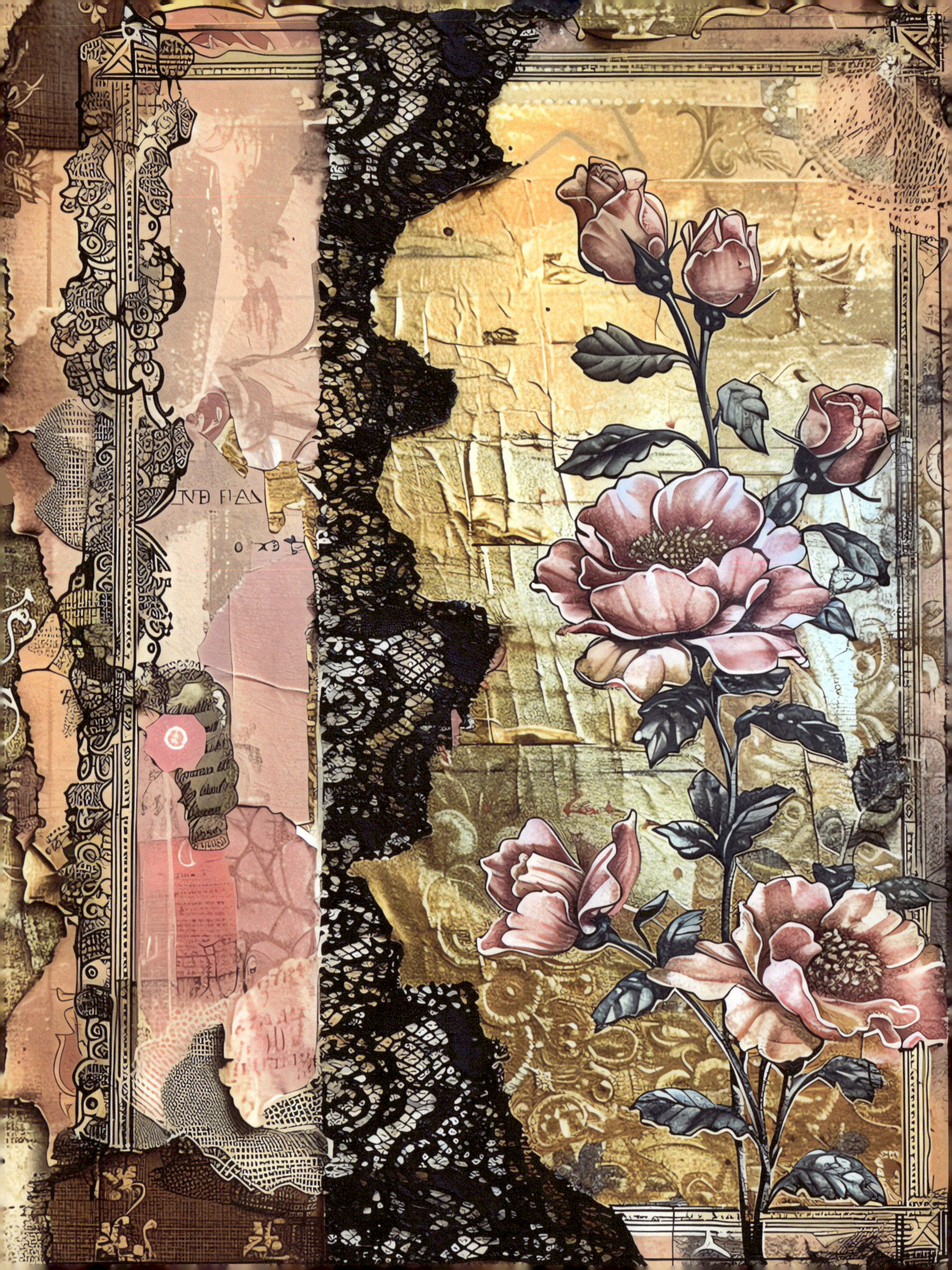

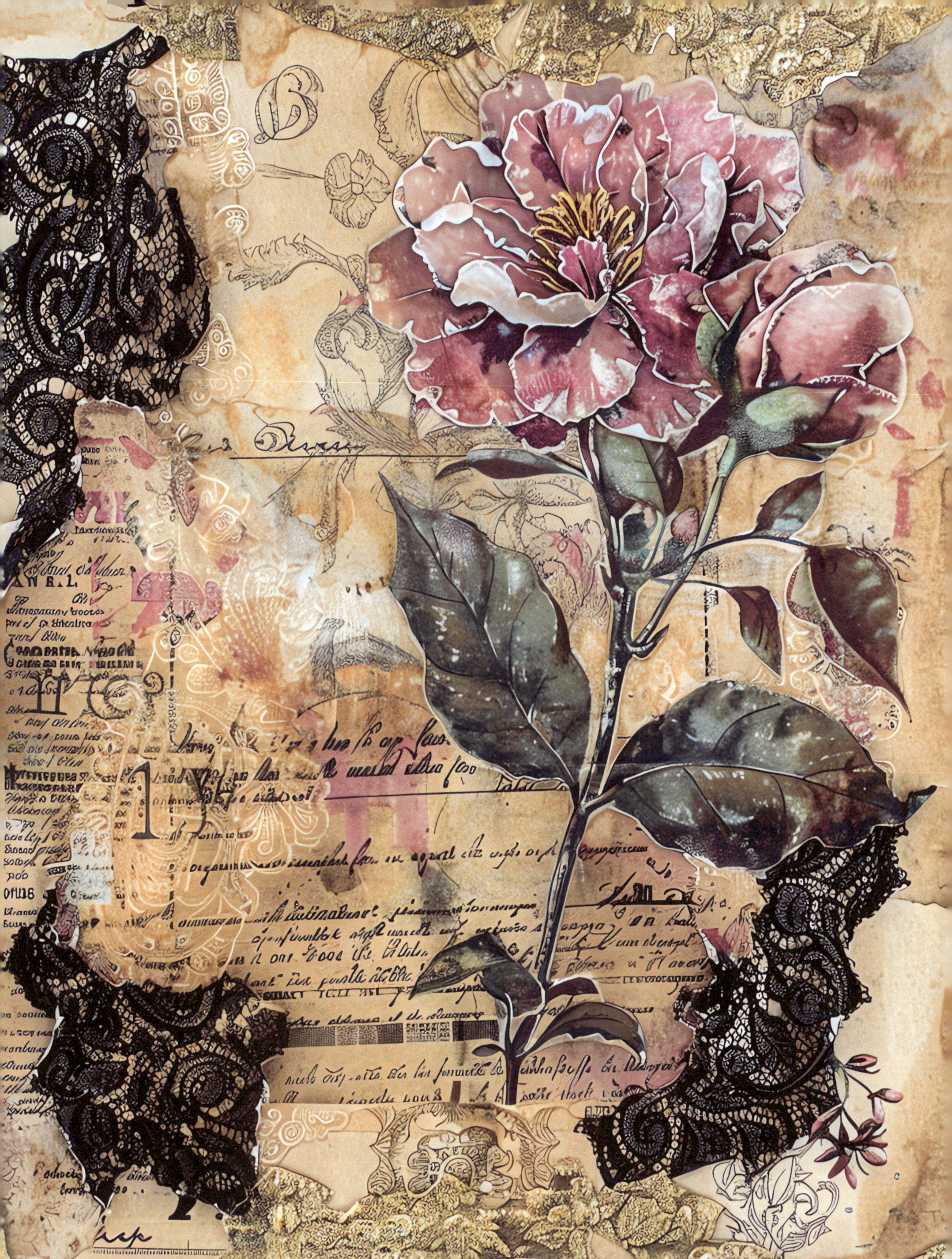

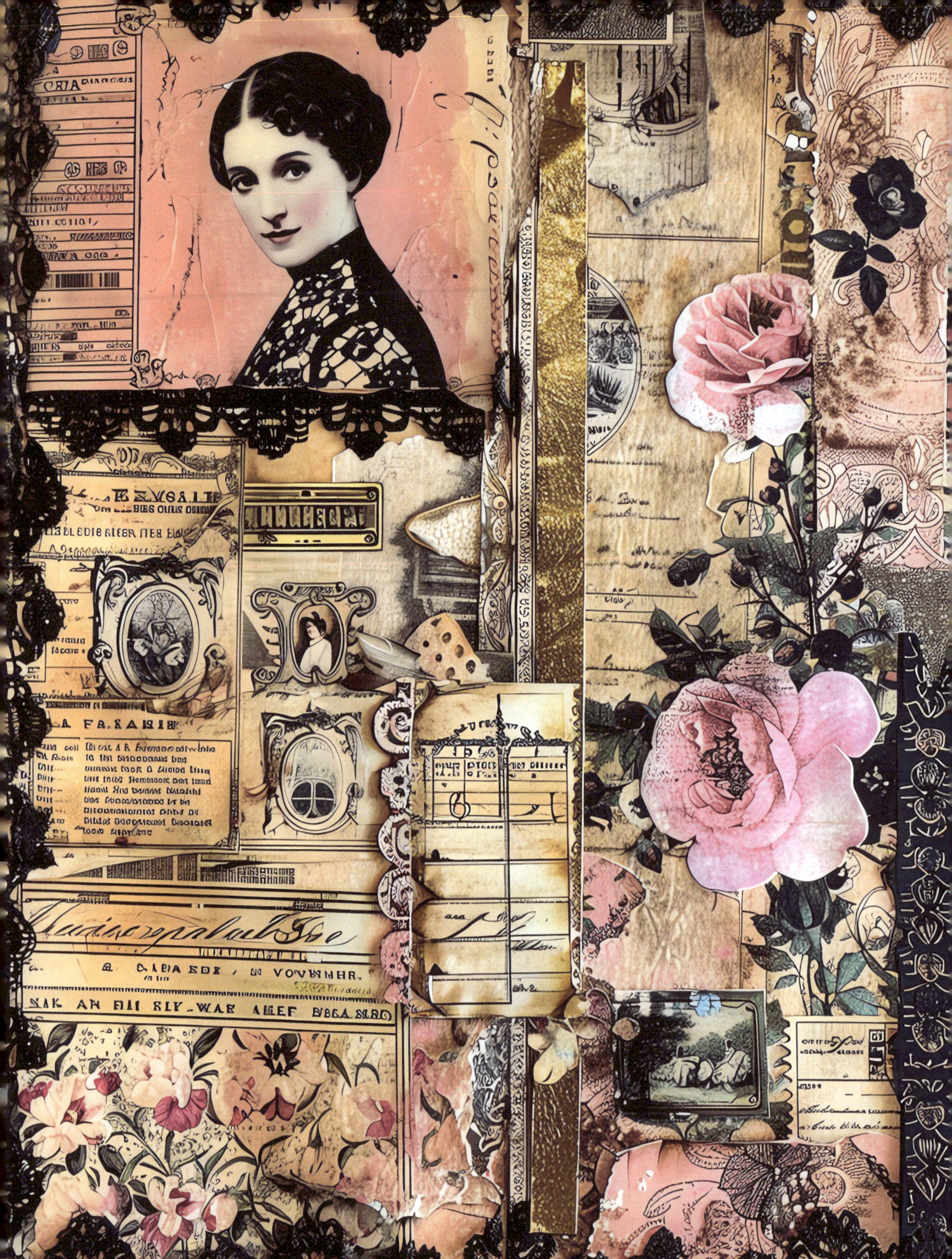

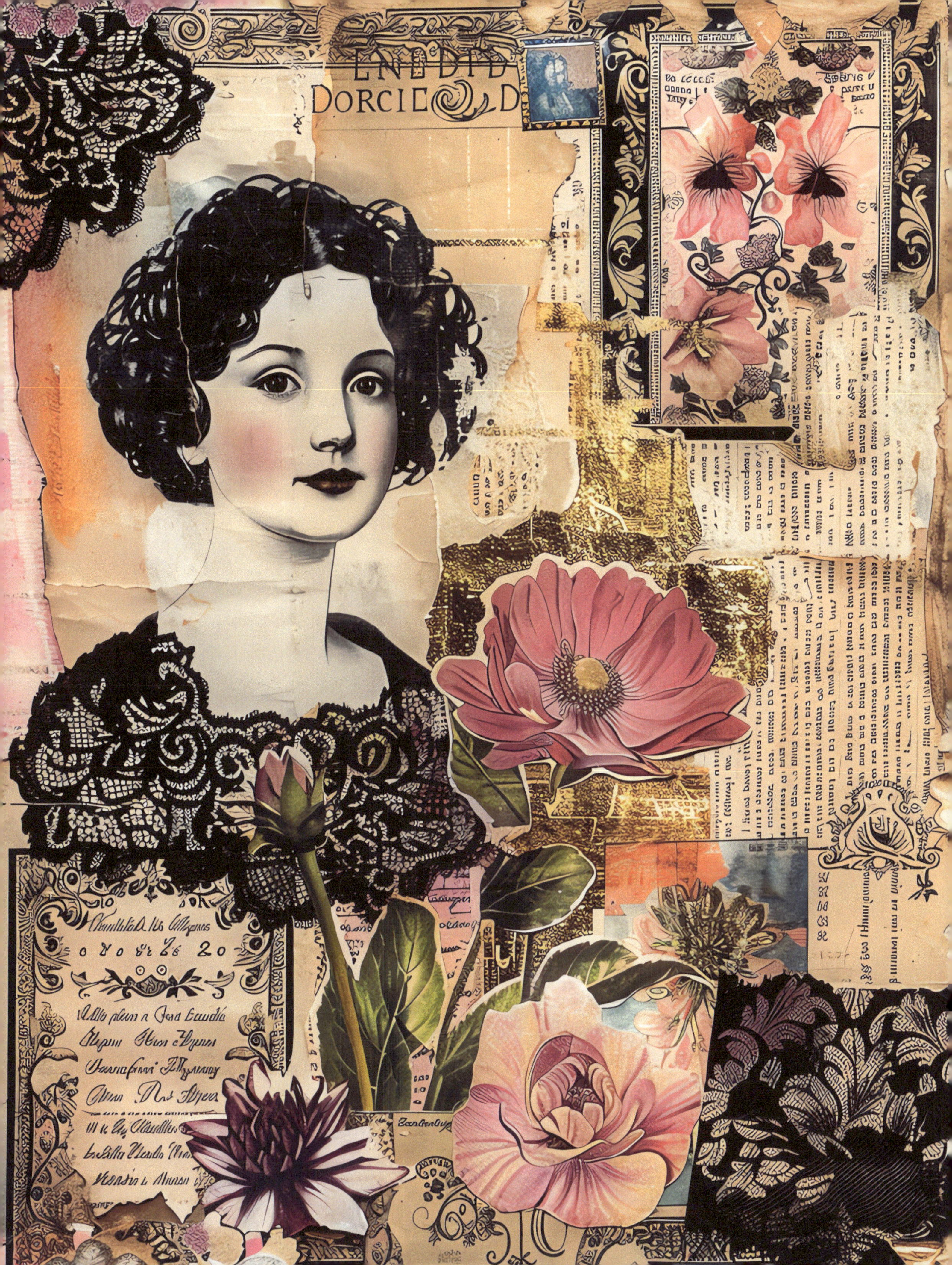
ENDID
DORCIE D

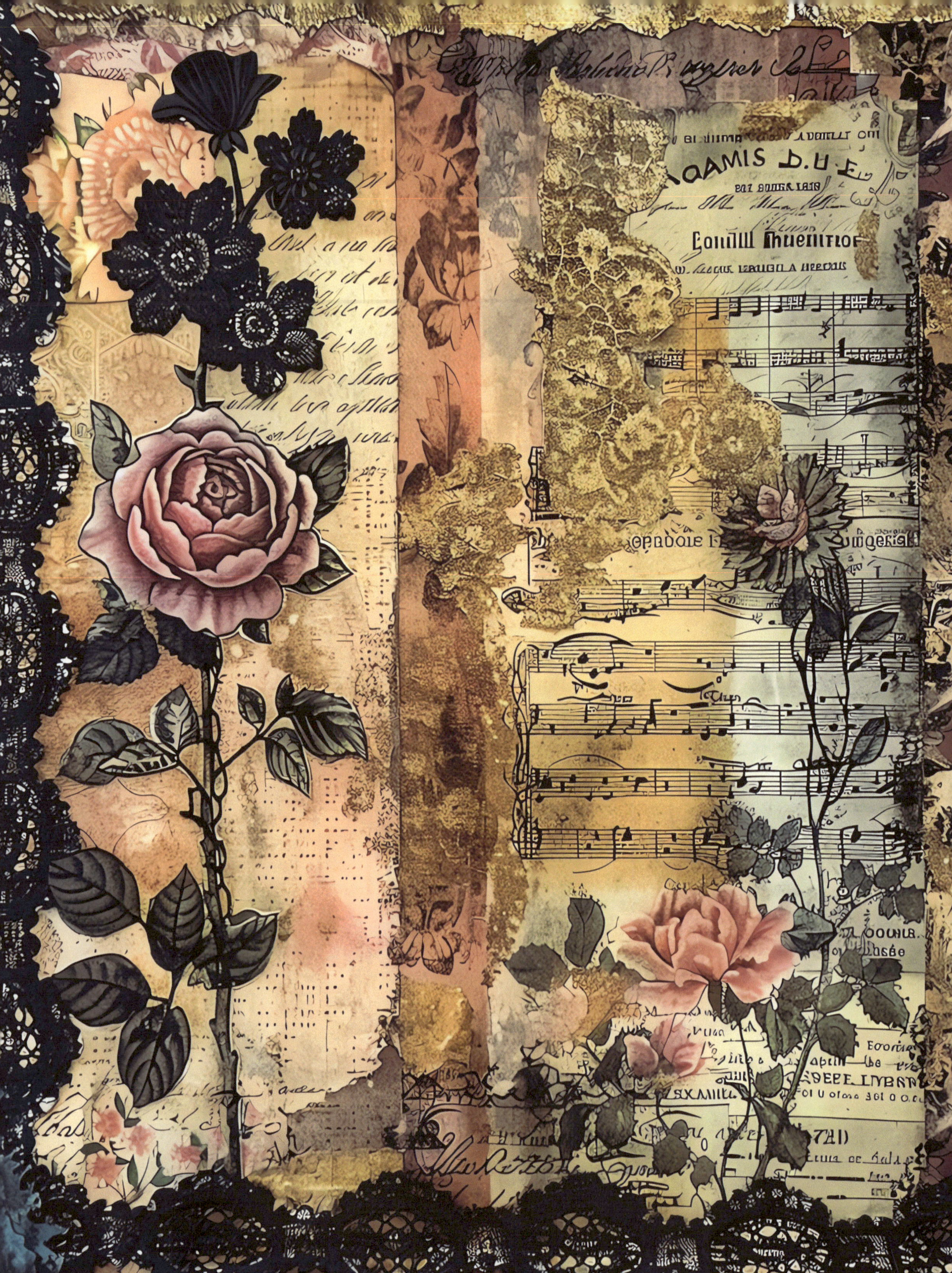

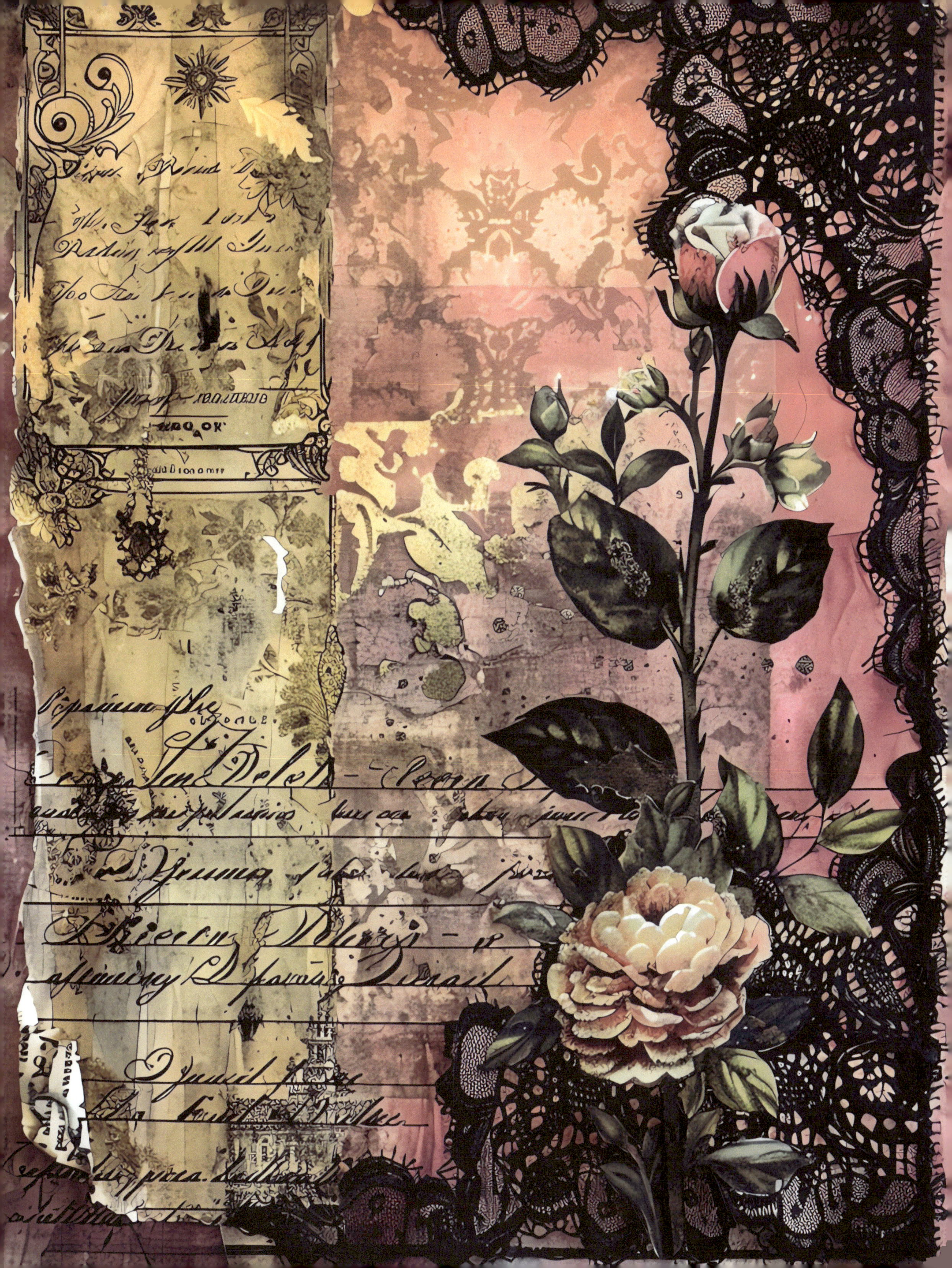

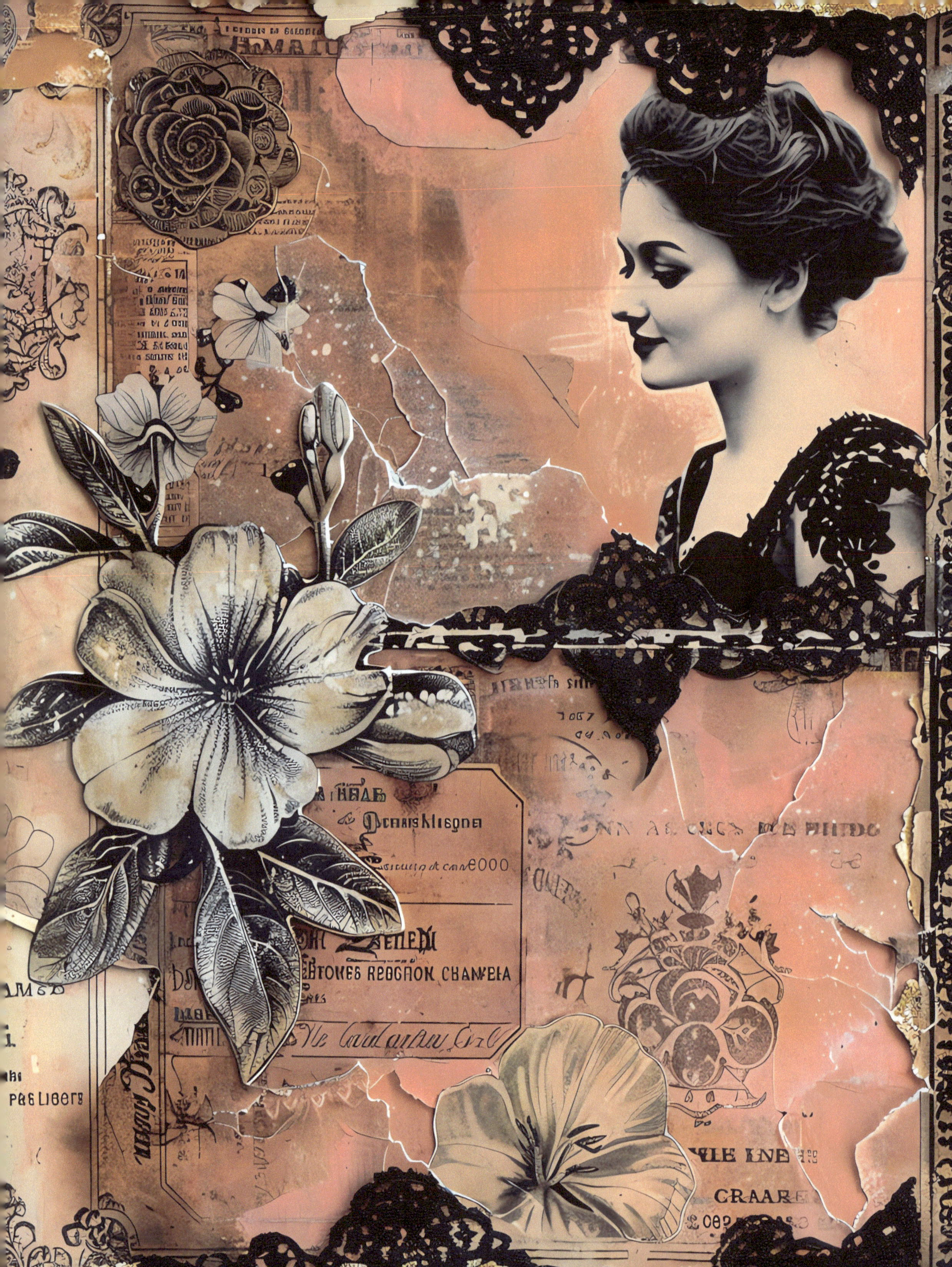

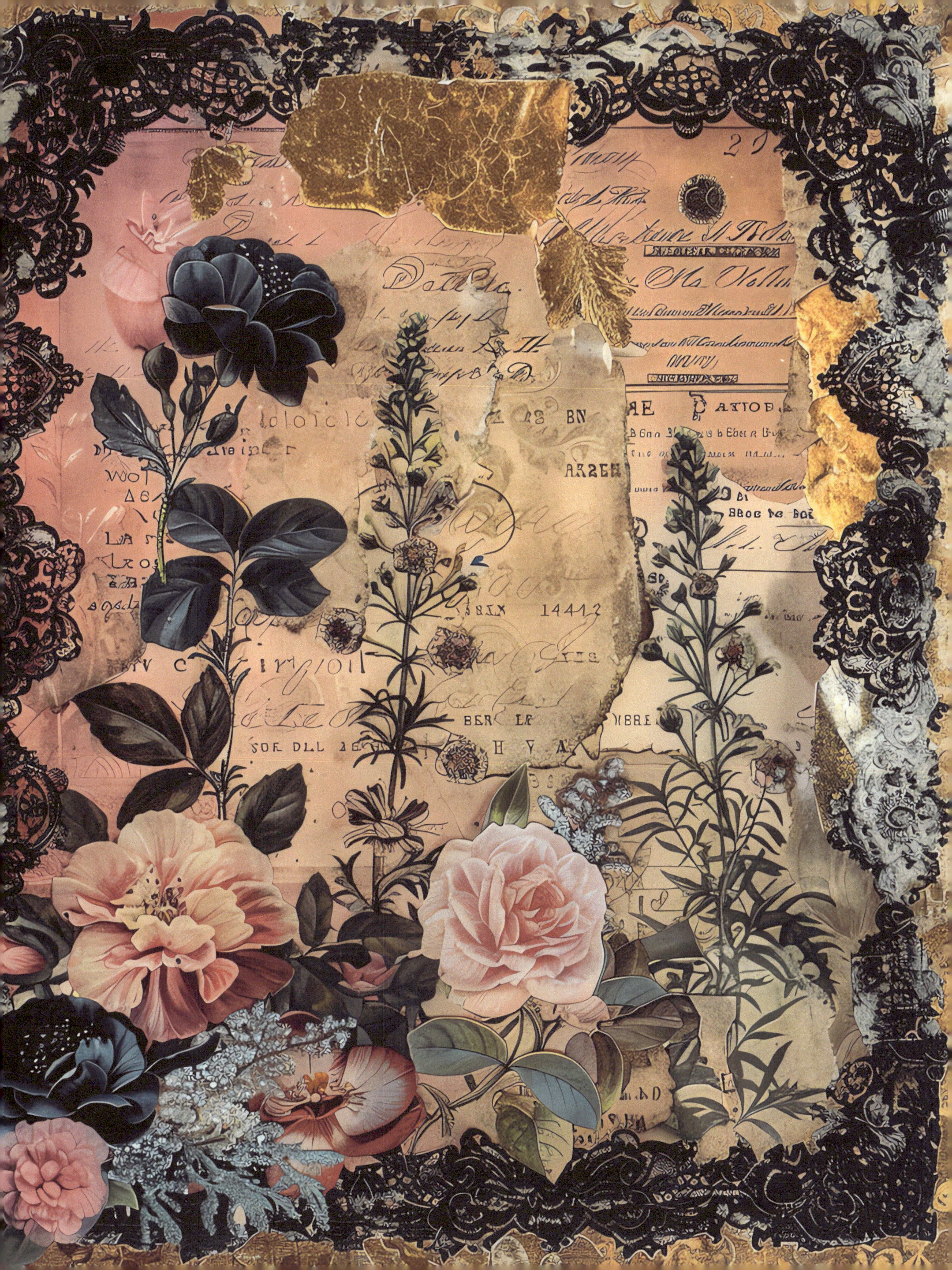

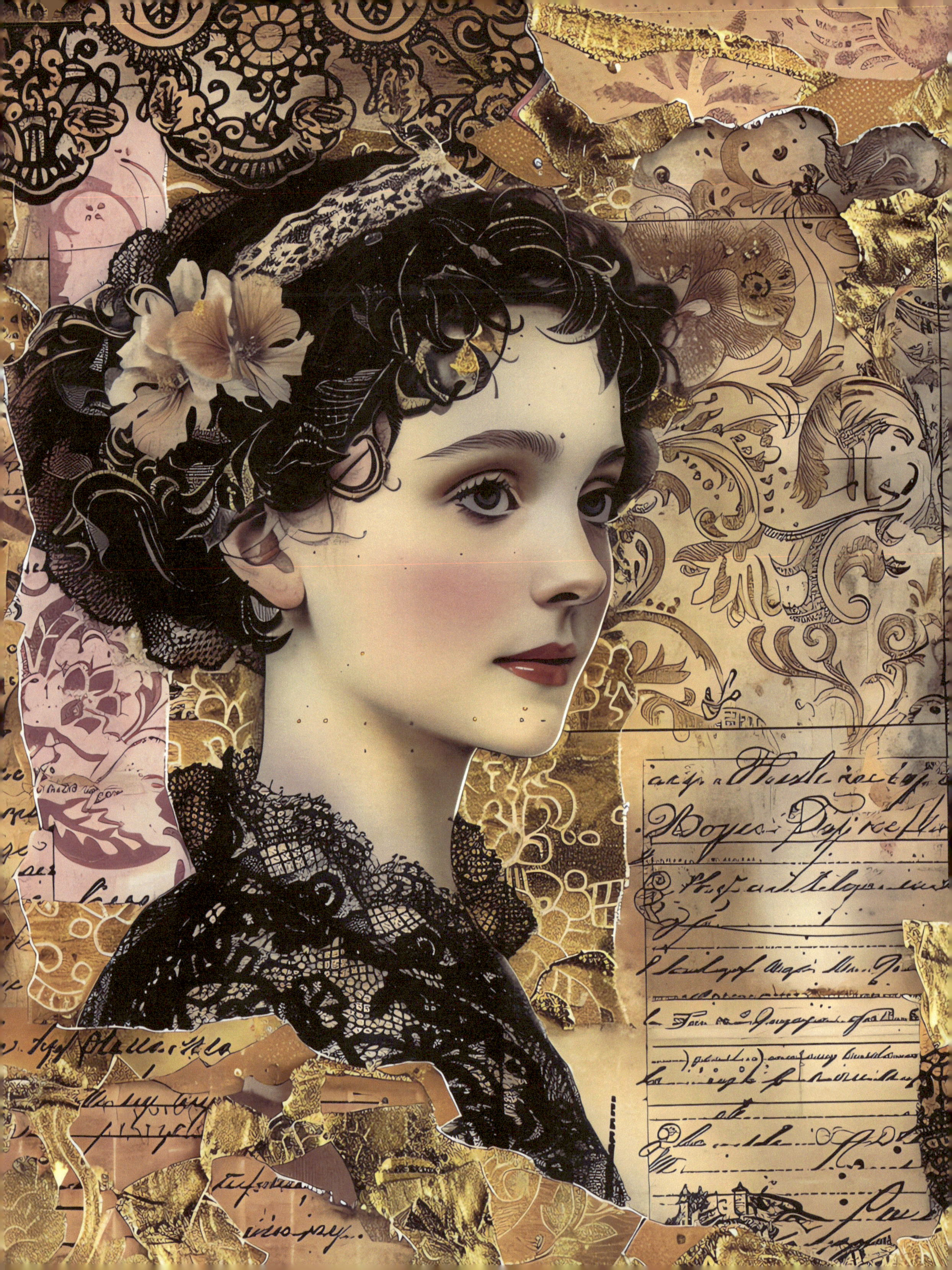

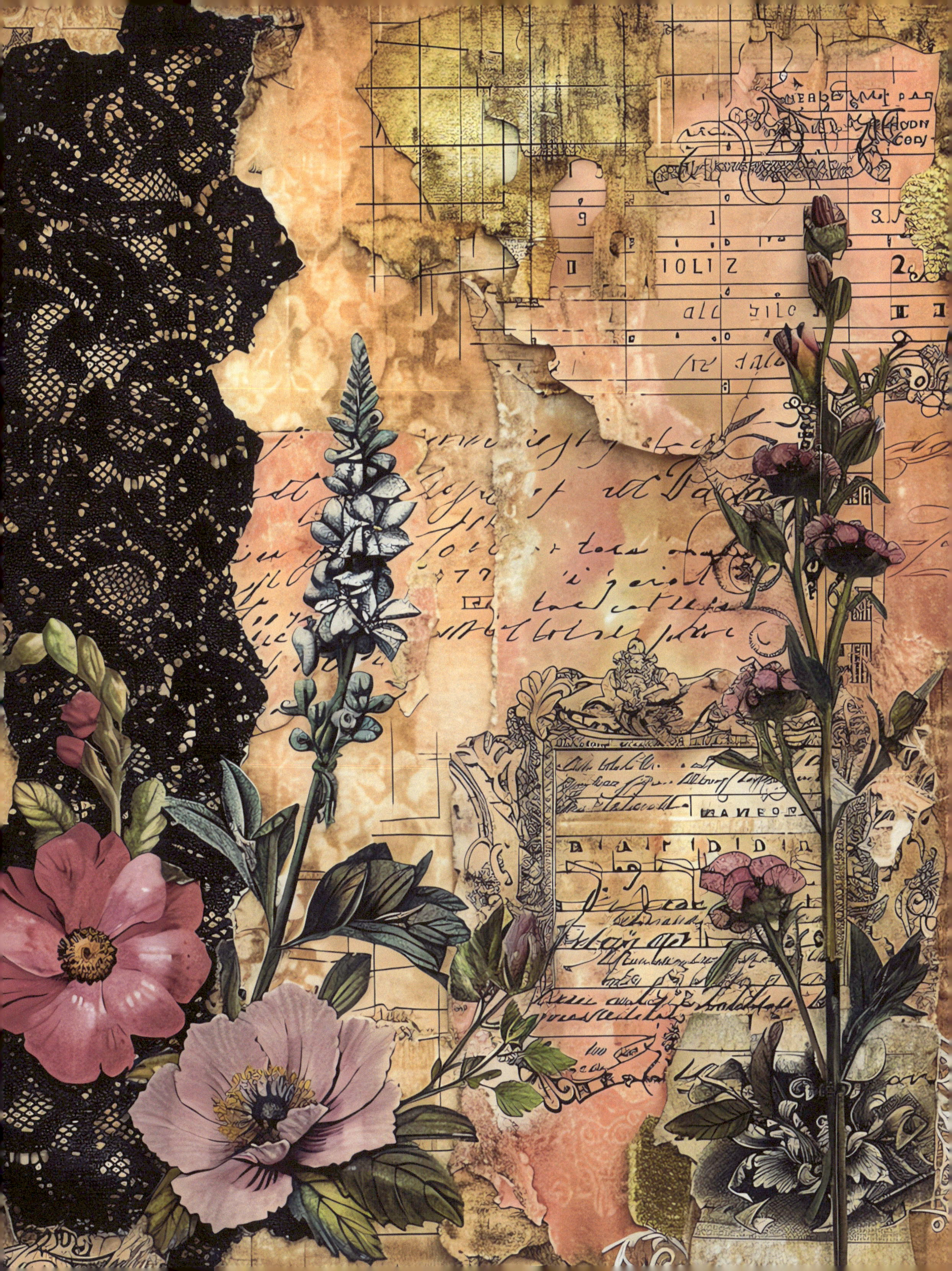

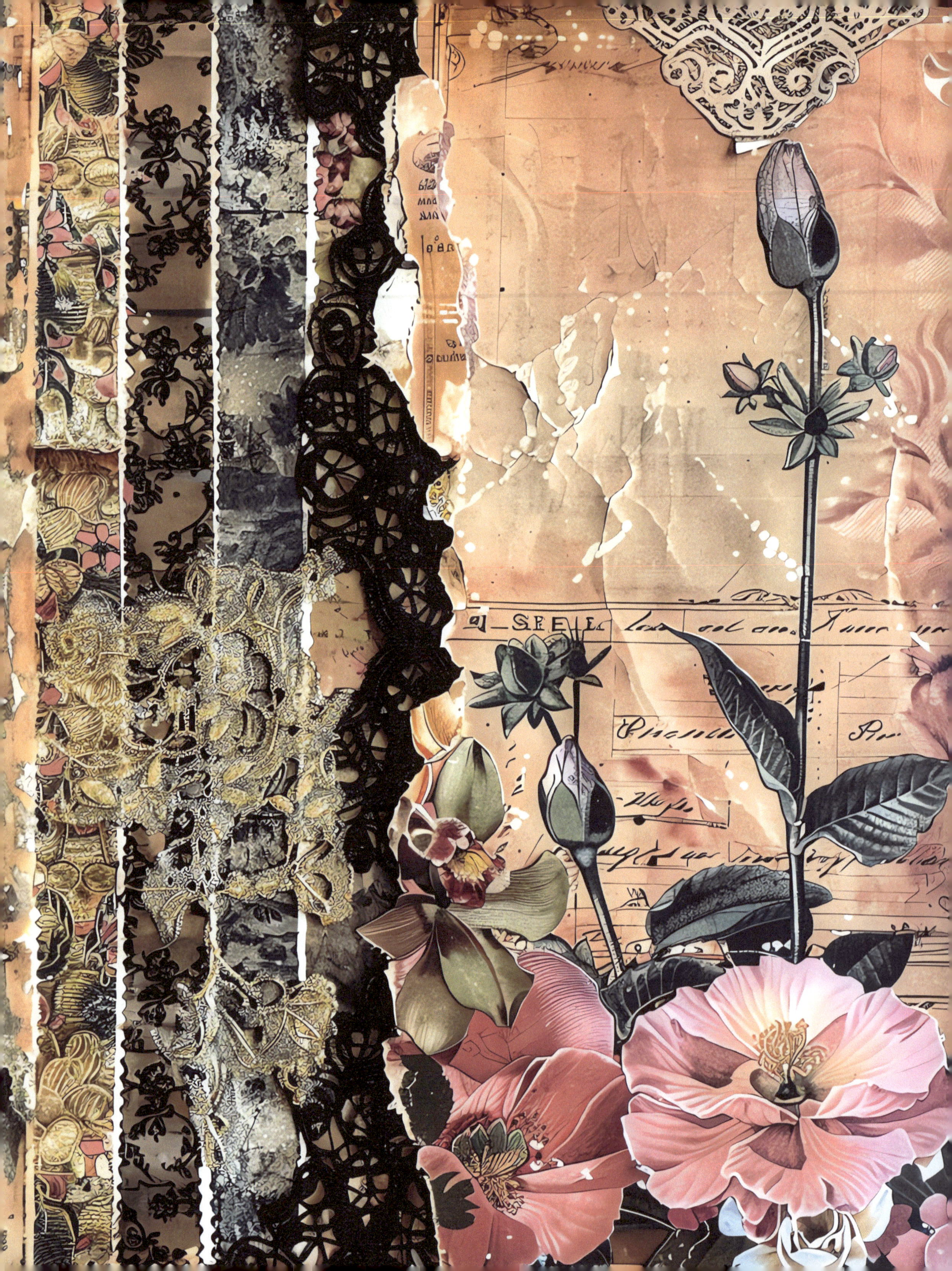

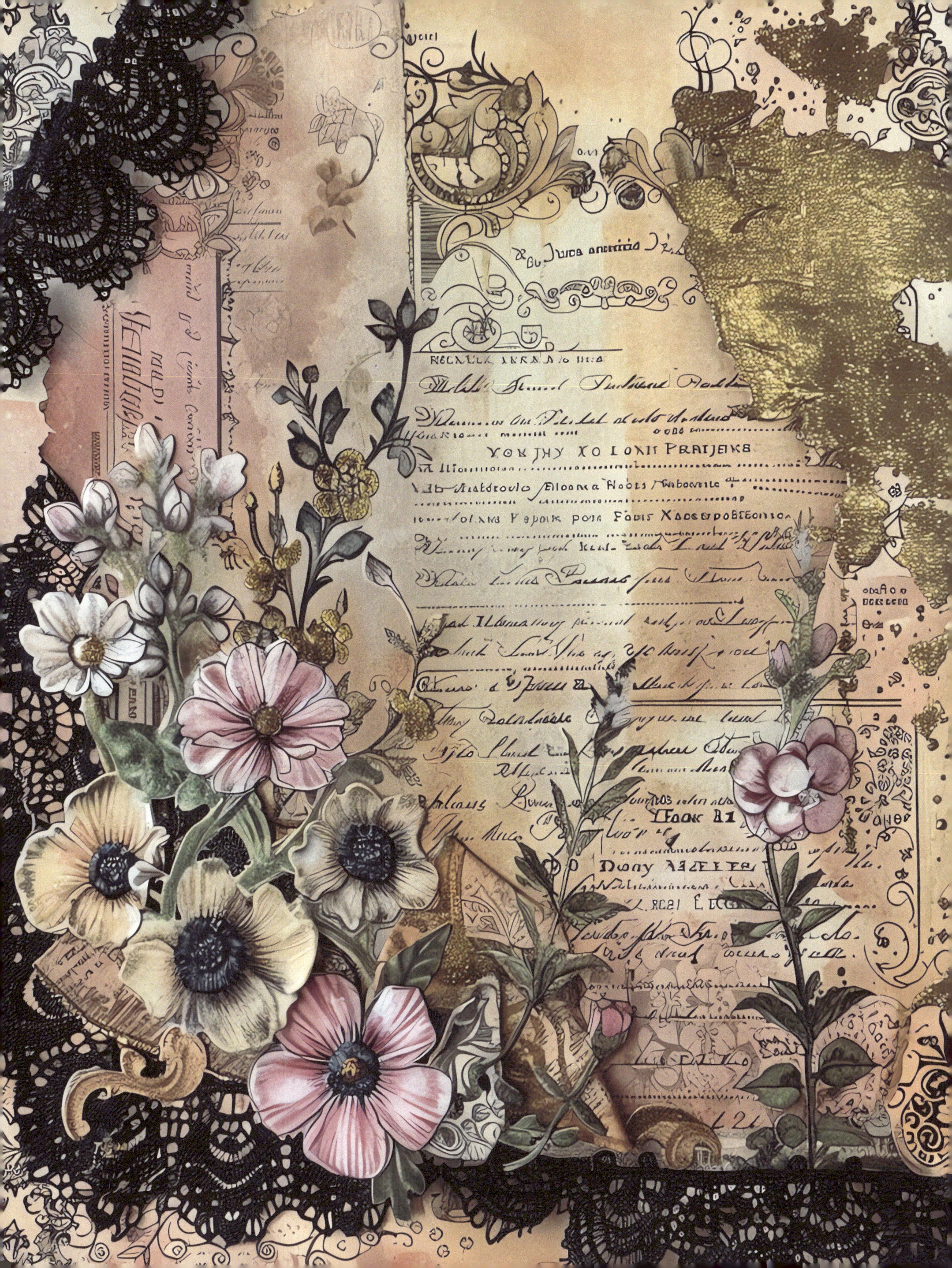

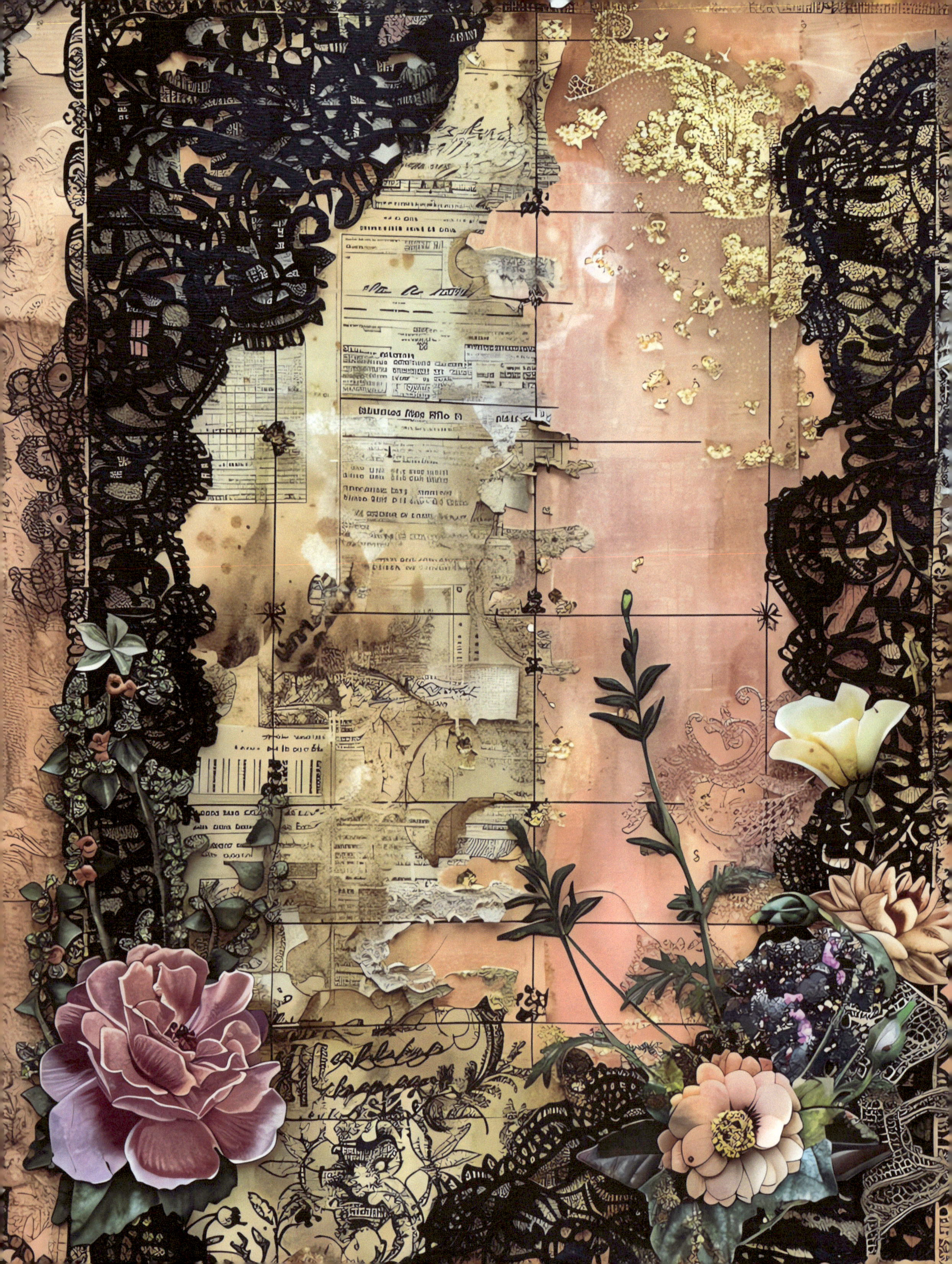